AF480789

# MAQBARAT AL ABQARIYYA GHAYR AL MARWIYYA

مقبرة

العبقرية غير المروية

القوى الهادئة التي تشكلنا

بن موكييس

مقبرة العبقرية غير المروية

بقلم بن موكييس



كتبه بن موكييس

نشر بواسطة DZGNZ LLC

الموقع: DZGNZ.ART

الطبعة الأولى

ISBN: رقم 9798995499831

للأفكار التي تاهت والتي لا تزال تنتظر. ليت واحدة تجدك مرة أخرى.

"المقبرة هي أغنى مكان على الأرض.".

ليس براون

# جدول المحتويات

# جدول المحتويات تابع

# تمهيد

بـدأ هـذا الكتـاب بسـؤال لم أسـتطع تجاهله لمـاذا يشـعر الكثـير من الناس بأنهم يعيشون بنسبة ضئيلة من إمكانياتهم؟

رأيتـه في كـل مكـان في المحادثـات في أمـاكن العمـل في المبـدعين في الأصـدقاء وفي نفسي— أنـاس رائعـون لـديهم أفكـار قويـة ولكـنهم غـير قـادرين عـلى الحركـة غـير قـادرين عـلى البـدء غـير قـادرين عـلى الإنهـاء. لـيس لأنهـم يفتقرون إلى الموهبـة ولكـن لأن شيئاً خفياً كان يمسكهم.

بـدأت في كتابـة ملاحظـات. ثـم مقـالات. ثـم خيـوط طويلـة. ثـم إطار. ثم كتاب.

مـا تمسكه الآن هـو نتيجـة تلـك الرحلـة تقطـير لكـل مـا تعلمتـه عـن الإمكانيـة الـتردد السـلوك البشـري والمأسـاة الهادئـة لـ "التقريباً."

هذا ليس كتاباً عن الإنتاجية. إنه كتاب عن الإمكانية

إنـه ليس عـن فعـل المزيـد. إنـه عـن أن تصبح أكـثر. إذا كنت تشـعر بأنـك كنـت تحمـل نسـخة غـير معاشـة مـن نفسك فـإن هـو محـاولتي لمسـاعدتك عـلى إحيـاء تلـك النسـخة. بـن موكييس

هذا الكتاب

إنـه ليس عـن فعـل المزيـد. إنـه عـن أن تصبح أكـثر. إذا كنت تشـعر بأنـك كنـت تحمـل نسـخة غـير معاشـة مـن نفسك فـإن هـو محـاولتي لمسـاعدتك عـلى إحيـاء تلـك النسـخة.

# ملاحظة إلى القارئ

هـذا الكتـاب مقصـود أن يُقـرأ بـبطء. لـيس لأنـه معقـد ولكـن لأنـه شخصيـ. كـل فصـل يلمـس جـزءاً مـن التجربـة البشريـة الـذي يتجنـب معظـم النـاس التفكيـر فيـه الفجـوة بـين النيـة والفعـل بـين الرغبـة والانضـباط بـين مـن أنـت ومـن يمكـن أن تكون.

قـد تشـعر بأنـك مـرئي. قـد تشـعر بعـدم الراحـة. قـد تشـعر بالإلهام. قد تشعر بالتحدي.

كل ذلك متعمد.

أنـت لا تحتـاج إلى الموافقـة عـلى كـل شيء في هـذا الكتـاب. أنـت لا تحتـاج إلى تطبيـق كـل فكـرة. أنـت لا تحتـاج إلى تحويـل حياتك في ليلة واحدة.

كل ما تحتاجه هو خطوة واحدة.

إذا سـاعدت جملـة واحـدة في هـذا الكتاب عـلى اتخـاذ تلـك الخطوة فإن الكتاب قد أدى عمله.

هـذا الكتـاب لـيس محاضرة. إنـه محادثـة بينـك وبـين النسـخة من نفسك التي كنت تحاول أن تصبح.

# مقدمة طويلة

أعـيـش في كولـورادو حيـث أقضي ـ حيـاتي في التصـميم والكتابـة والتحليـل والإبـداع ومحاولـة فهـم العـالم حـولي. عندما بلغـت الخمسـينيات بـدأت أسـأل نفسي ـ أسـئلة لم أبطئ أبـداً بما يكفـي لأفكـر فيها مـا الـذي يمكننـي بناؤه مـا الـذي يمكننـي إنهاءه مـا الذي يمكنني تركه خلفي.

**هذا الكتاب هو إجابتي.**

إنـه الشيـء الأول الـذي رفضت التخلي عنـه. الشيـء الأول الـذي قـررت إكمالـه ببسـاطة لأننـي أخـيراً استطعت. وأمـلي هـو أن تجـد في مكـان مـا في هـذه الصـفحات شـيئاً يـدفعك إلى البـدء أو الإنهـاء شيء مـن خاصـتك. لأنـك تسـتطيع أيضاً.

# مقدمة

## الثقل الهادئ الذي نحمله

كـل شـخص يحمـل نسـخة مـن نفسـه لم يصـبحها بعـد. كتـاب لم يكتبـه. عمـل لم يبـدأه. محادثـة لم يجرهـا. مخـاطرة لم يأخـذها. حياة لم يعشها.

معظـم النـاس لا يتحـدثون عـن هـذا الثقـل. هـم يدفنونـه تحـت الـروتين والمسـؤولية والأمـل الهـادئ بـأن "يومـاً مـا" سـيبدأون أخيراً.

لكن "يوماً ما" نادراً ما يأتي لوحده.

لقـوى الخفيـة التـي تـدفن الإمكانيـة طـويلاً قبـل أن تنتهـي الحيـاة. إنـه عـن الأفكـار التـي تمـوت بهـدوء بلباقـة بـدون أن تُنطق أبداً بصوت عالٍ.

إنه عن المقبرة ليس كرمز للموت ولكن كرمز لسوء الفهم.

معظـم النـاس لا يفشـلون لأنهـم يفتقـرون إلى الموهبـة. إنهم يفشلون لأنهم يفهمون خطأ كيف يعمل التقدم.

هــم ينتظـرون الوضـوح. هــم ينتظـرون الثقـة. هــم ينتظـرون الإذن. هــم ينتظـرون اللحظـة المثاليـة. هــم ينتظـرون حتـى يختفي الخوف. هم ينتظرون حتى يشعروا بالاستعداد.

وبينما ينتظرون فإن الإمكانية تتحلل.

هذا الكتاب ليس خطاباً تحفيزياً. إنه مرآة.

إنـه سيُريك لمـاذا تـتردد لمـاذا تؤجـل لمـاذا تكـاد تبـدأ ولكـن نـادراً مـا تنهـي. إنـه سيُريك الأنمـاط النفسـية التـي تبقـي النـاس عـالقين القـوى التـي تسـتنزف الـزخم والتحـولات البسـيطة التـي تفصـل بـين أولئـك الـذين يبنـون وأولئـك الـذين يتخيلون فقط.

الأهــم مـن ذلـك إنـه سيُريك أنـك لا تحتـاج إلى قفـزة. أنت تحتاج إلى خطوة.

خطـوة صـغيرة غـير ملحوظـة متكـررة تكفـي لإحيـاء فكـرة إعـادة بناء الثقة وتغيير اتجاه حياتك.

إذا كنـت قـد شعرت يومـاً بأنـك كنـت تقريبـاً الشخص الـذي يمكن أن تكون فإن هذا الكتاب لك.

دعنا نبدأ

# الفصل 1

## أغنى أرض على الأرض

إذا ســألت معظـم النـاس أن يسـموا أغنـى مكـان علـى الأرض فـإنهم سيشـيرون إلى مـا يسـتطيعون رؤيتـه. هـم سـيذكرون المراكـز الماليـة حقـول النـفط مراكـز التكنولوجيـا أو مـدناً ترتفـع فيهـا ناطحـات السـحاب كتماثيـل للطمـوح البشـري. هـم سـيتحدثون عـن أسـواق الأسـهم احتياطيـات الـذهب والملياردیرات. هـم سيشـيرون إلى رمـوز الـثروة المرئيـة لأن ذلـك هو ما درب العالم عليه أن يلاحظوه.

لكـن أغنـى أرض علـى الأرض ليسـت مدينـة أو دولـة أو شركـة. إنها ليست بنكاً أو خزينة أو دفتر أستاذ رقمي.

أغنى أرض على الأرض هي المقبرة.

مدفونـة تحـت الأرض ليسـت فقـط أجسـاداً ولكـن مخططـات. ليسـت فقـط أسـماء ولكـن دفـاتر ملاحظـات. ليسـت فقـط تـواريخ ولكـن قـرارات. المقـبرة تحتـوي علـى أكـبر

مجموعـة مـن الكتـب غيـر المكتوبـة والأغانـي غيـر المغنـاة والأعمـال غيـر المبنيـة والاعتـذارات غيـر المنطوقـة والعلاقـات غيـر المُصلحة والأفكـار غيـر المستكشـفة التـي عرفهـا العـالم علـى الإطـلاق. إنهـا المكـان النهـائي لتخـزين الإمكانيـة التـي لم تصبح واقعاً أبداً.

بعـض تلـك الإمكانيـة أخـذ بالمفاجـأة حيـوات قُطعت قصـيرة بأحـداث لم يكـن أحـد يسـتطيع التنبـؤ بهـا. لكـن الكثـير منهـا لم يكـن كـذلك. الكثـير منهـا كـان يخـص ناسـاً كـان لـديهم وقـت كـان لـديهم فرص كـان لـديهم أفكـار كـان لـديهم لحظـات عنـدما كـان بإمكـانهم البـدء ولكـنهم لم يفعلـوا. نـاس قالـوا لأنفسـهم "سـأبدأ عنـدما تهـدأ الأمـور" أو "سـأحاول عنـدما أشـعر بالاسـتعداد" أو "سـأفعله عنـدما يكـون لـدي المزيـد مـن الوقـت المزيـد مـن المـال المزيـد مـن الوضـوح." نـاس انتظـروا لحظة مثالية لم تصل أبداً.

لـو اسـتطعت أن تمشي ـ عـبر مقـبرة وتـرى ليـس فقـط الأسـماء عـلى الأحجـار ولكـن الحيـوات التـي كـان مـن الممكـن أن تكـون فإنـك لـن تفكـر أبـداً في إمكانيتـك الخاصـة بـنفس

الطريقة مرة أخرى. ستدرك المعلم الذي كان دائماً يريد كتابة كتاب أطفال ولكنه لم يتجاوز الصفحة الأولى. الميكانيكي الذي حلم بتصميم أداة كانت ستجعل عمله أسهل ولكنه لم يرسمها أبداً. الممرضة التي كان لديها فكرة كانت ستحسن رعاية المريض ولكنها لم تتكلم أبداً لأنها لم تعتقد أن أحداً سيستمع. الوالد الذي أراد بدء عمل صغير ولكنه ظل ينتظر "الوقت المناسب" حتى نفد الوقت.

ستدرك الشخص الذي قال دائماً "يوماً ما سأعود إلى المدرسة" ولم يفعل أبداً. الشخص الذي أراد تعلم آلة موسيقية ولكنه ظل يقول لنفسه إنه كبير في السن جداً. الشخص الذي أراد المصالحة مع أخ أو أخت ولكنه انتظر حتى يقوم الشخص الآخر بالخطوة الأولى. الشخص الذي أراد الانتقال إلى مدينة مختلفة ولكنه بقي حيث كان لأن المجهول شعر بأنه محفوف بالمخاطر جداً.

لم يكن أي من هؤلاء الناس فاشلين بالطريقة التي يعرف بها العالم عادة الفشل. كان الكثير منهم مسؤولين مجتهدين ومحترمين. هم حضروا إلى وظائفهم. هم دفعوا

فواتيرهم. هـم ربـوا عائلات. هـم فعلـوا مـا كـان متوقعـاً مـنهم. لكـن في مكـان مـا داخليـاً كـانوا يحملـون ألمـاً هادئـاً إحساسـاً بـأن هنـاك شـيئاً أكـثر كـان بإمكـانهم فعلـه شـيئاً أكـثر كـان بإمكـانهم أن يصبحوه لو فقط كانوا قد بدأوا.

المأسـاة ليسـت أنهـم افتقـروا إلى الموهبـة. المأسـاة هـي أنهم افتقروا إلى الحركة.

عنـدما نتحـدث عـن إمكانيـة مهـدرة فإننـا غالبـاً نتخيـل قصصـاً دراماتيكيـة العبقـري الـذي يدمـر نفسـه العبقـري الـذي لا يتعـافى أبـداً مـن خطـأ كبـير واحـد النجم الـذي يحـترق علنـاً. لكـن معظـم الإمكانيـة المهـدرة لا تبـدو كـذلك. إنهـا لا تنفجـر. إنهـا تتآكـل. إنهـا تـذوب ببطء مخفيـة تحـت الروتينـات والمسؤوليات متنكرة كـ "لاحقاً".

المقـبرة غنيـة لأن العـالم ملـيء بنـاس يقللـون مـن شـأن تكلفـة التأخير.

فكــر في حياتـك الخاصـة للحظـة لـيس بطريقـة دراماتيكيـة لـيس مـع ذنـب ولكـن بصـدق. كـم مـن الأفكار

حملتها لسنوات بدون أن تعمل عليها؟ كم مرة قلت "لقد أردت دائماً أن..." ثم توقفت عن الجملة هناك؟ كم مرة شعرت بجذب لفعل شيء ما بدء بناء تعلم إصلاح خلق ثم تحدثت نفسك خارجاً عنه؟

قد تقول لنفسك إنك تكون واقعياً. قد تقول الآن "ليس الوقت المناسب" أو "أحتاج إلى أن أكون مسؤولاً" أو "سأبدأ عندما تكون الأمور أكثر استقراراً." وأحياناً هذا صحيح. هناك مواسم عندما يكون البقاء هو الأولوية. هناك لحظات عندما لا يكون لديك حقاً القدرة على تحمل شيء جديد.

لكن إذا كنت صادقاً فإنك تعرف أن ليس كل تأخير في حياتك كان عن البقاء. بعضه كان عن الخوف. بعضه كان عن عدم اليقين. بعضه كان عن الراحة.

الخطر ليس في التوقف. الخطر هو في تطبيع التوقف حتى يصبح دائماً.

تخيل شخصاً كان دائماً يريد كتابة كتاب. هم يتحدثون عنه كثيراً. هم يقولون "لدي قصة داخلي" أو "يوماً ما سأكتبها كلها." تمر السنوات. هم يشترون دفاتر ملاحظات. هم يبرزون اقتباسات. هم يقرأون مقابلات مع كتاب. هم يخبرون أصدقاء عن فكرتهم. لكنهم لا يجلسون أبداً ويكتبون الصفحة الأولى.

من الخارج لا يبدو أي شيء خاطئ. هم ليسوا يفشلون بأي طريقة واضحة. هم يعيشون حياتهم. لكن داخلياً شيء ما يتصلب ببطء. كلما انتظروا أطول أصبحت الفكرة أثقل. ما كان يشعر بأنه مثير الآن يشعر بأنه مخيف. ما كان يشعر بأنه ممكن الآن يشعر بأنه بعيد. هم يبدأون في قول لأنفسهم "لو كنت مقصوداً حقاً أن أفعل هذا لكنت قد فعلته الآن." هم يبدأون في الاعتقاد بأن التأخير هو دليل على أنهم لم يكونوا قادرين في المقام الأول.

الحقيقة هي العكس التأخير ليس دليلاً على عدم القدرة. إنه دليل على مدى قوة التردد.

أو اعتبر شخصاً كان دائماً يريد بدء عمل صغير. هم يرون فجوة في السوق. هم لديهم مهارة يقدرها الناس. هم يعرفون أن هناك حاجة. لكنهم أيضاً لديهم وظيفة وعائلة وفواتير. هم يقولون لأنفسهم "سأبدأ عندما يكون لدي المزيد من المدخرات" أو "سأبدأ عندما يكبر الأطفال" أو "سأبدأ عندما يتحسن الاقتصاد." كل سبب يبدو مسؤولاً. كل تأخير يشعر بأنه مبرر. لكن السنوات تمر ولا تنتقل الفكرة أبداً من الفكر إلى الفعل.


في يوم ما هم يلتقون بشخص آخر بدأ عملاً مشابهاً. ذلك الشخص ليس أذكى ليس أكثر موهبة ليس أكثر اتصالاً. الفرق الوحيد هو أنهم بدأوا. هم اتخذوا خطوة صغيرة ثم أخرى ثم أخرى. هم ارتكبوا أخطاء عدلوا تعلموا واستمروا في التقدم. الشخص الأول يشعر بمزيج من الإعجاب والندم. هم يدركون أن الفجوة بينهم ليست ذكاء.

إنه حركة.

المقبرة مليئة بناس كان لديهم الأفكار نفسها التي نعجب بها اليوم ولكنهم لم يعملوا عليها أبداً.

**اللحظة التي أصبح فيها هذا شخصياً**

هذا الكتاب لم يبدأ بنظرية. إنه بدأ بامرأة اسمها هيزل.

سنوات مضت كنت أعمل في مركز تقاعد. في البداية كانت ببساطة واحدة من السكان الذين كنت مكلفاً بالعناية بهم متطلبة صعبة وغالباً محبطة من العالم حولها. لم أستمتع بالعمل وهي لم تجعله سهلاً. لكن مع مرور الوقت حدث تحول ما. في فترات الغداء كنت أجلس معها في غرفتها أو أدفع كرسيها إلى مساحة مفتوحة حيث تستطيع التنفس وتتذكر.

ما فاجأ معظم الناس إذا لاحظوا أبداً كان مدى عمق محادثاتنا. على السطح لم يكن لدينا شيء مشترك كانت قريبة من قرن العمر بيضاء ومن عالم بعيد تماماً عن عالمي كنت شاباً أسود لا يزال يحاول العثور على مكانه ومساهمته. لأي شخص يشاهد من الخارج كان يجب ألا يكون لدينا سبب للاتصال. بعضهم افترض حتى أنها لن تريد.

لكن الاتصال لا يتبع القواعد التي يتوقعها الناس.

هـي روت لي قصصـاً مـن حيـاة امتـدت عـبر عصور معظمنـا يقـرأ عنهـا فقـط الحـرب العالميـة الأولى والثانيـة العقـود التـي تلـت التغيـيرات التـي شـهدتها الأحـلام التـي حملتها خـلال كـل ذلـك. هـي تحـدثت عـن الفتـاة التـي كانتهـا ذات مـرة المـرأة التـي كانـت تأمـل أن تصـبح والأفكـار التـي لم تتوقف أبداً عن تخيلها.

هـي تحـدثت عـن أفكـار رعايـة صحيـة كانـت دائمـاً تأمـل أن تحييهـا ولكنهـا لم تفعـل. حتـى الآن بيـنما أكتـب هـذا الكتـاب أنـا لسـت متأكداً مـا إذا كانـت تتحدث عـن حـدود صـحتها الخاصـة في ذلـك الوقـت أو عـن الجميـع الـذين يترددون وأنا لا أدعي الحق في أن أقرر ذلك لها.

خيالها كان حياً. أفكارها كانت حقيقية. ترددها كان أقوى.

في أيامهـا الأخـيرة عـلى الـرغم مـن أنـني لم أكـن أعـرف أنهـا كانـت أيامهـا الأخـيرة شـاركتني شـيئاً لم أنسـاه أبـداً. هـي قالـت إنها قضـت حياتهـا كلهـا تنتظـر اللحظـة المناسـبة للبـدء.

هـي ظلـت تـؤمن بأنهـا ستحصـل علـى المزيـد مـن الوقت. هـي ظلت تفترض أن الوضوح سيأتي لاحقاً.

عنـدما توفيـت لم أسـمع عـن ذلـك حتـى بعـد أن انتهـى كـل شيء. لا إعـلان. لا دعـوة. لا إشـعار عـام. فقـط العائلـة عرفـت. وذلـك بطريقتـه الخاصـة جعـل الـدرس أكـثر حـدة حيـاة كاملـة مـن الأفكـار يمكـن أن تختفـي بهـدوء إذا لم تصبح حقيقية أبداً.

قبـل أن تمـوت هـي أعطتنـي قطعـة واحـدة مـن النصيحة النـوع الذي يبقى معك طويلاً بعد أن يرحل الشخص:

"لا تصل إلى التسعينيات مع ندم".

هـذا الكتـاب هـو محـاولتي لتكـريم تلـك الرسـالة. لتكـريمهـا. لتـذكير أي شـخص يقـرأ هـذه الصـفحات بـأن العالم مـليء بالمشـكلات تنتظـر شخصـاً شـجاعاً بمـا يكفـي للمحاولة وأن أسـوأ شيء يمكننـا فعلـه هـو حمـل أفكارنـا إلى نهايـة حيواتنا بدون أن نعطيها فرصة للتنفس أبداً.

في ذلك اليوم أدركت شيئاً غير مريح:

المقبرة ليست مليئة بناس فشلوا. إنها مليئة بناس تأخروا.

لماذا يوجد هذا الكتاب

هذا الكتاب ليس عن ثقافة الجد والعمل الشاق أو حيل الإنتاجية أو شعارات التحفيز. إنه ليس عن إجبار نفسك على العمل بجهد أكبر أو التظاهر بأن الخوف غير موجود. إنه عن فهم القوى النفسية التي تدفن الإمكانية بهدوء طويلاً قبل أن يتبعها الجسم.

إنه عن التعرف على الأنماط مبكراً بما يكفي لتغييرها.

معظم الناس يفهمون خطأ كيف يحدث التقدم فعلياً. هم يؤمنون بأن الوضوح يأتي أولاً ثم الفعل. هم يؤمنون بأن الثقة تسبق الجهد. هم يؤمنون بأن الموهبة تحدد المصير. هم يؤمنون بأن الانتظار مسؤول.

لا شيء من هذه المعتقدات صحيح.

لتقدم يبدأ بالحركة وليس باليقين. الثقة تُبنى وليس تُكتشف. الموهبة تُضاعف بالتكرار وليس تحمى بالتردد.

الانتظار يشعر بالأمان ولكنه هو الشكل الأكثر شيوعاً من أشكال التجنب.

هذا الكتاب هو تشخيصي- فحص واضي العينين لماذا تموت الأفكار ولماذا تختار نسبة صغيرة من الناس باستمرار التصرف على أي حال.

لماذا يهم هذا الآن

نعيش في زمن تكون فيه الفرصة أكثر سهولة في الوصول إليها من أي وقت مضى- ومع ذلك الإمكانية غير المحققة في أعلى مستوياتها على الإطلاق. الناس مغمورون بالاختيار مشلولون بالمقارنة ومستنزفون بالضغط ليبدوا كفؤين قبل أن يبدأوا حتى.

العالم الحديث يكافئ الرؤية وليس التجربة. إنه يحتفل بالنتائج وليس بالمحاولات. إنه يكبر الحكم وليس التعلم.

في هذه البيئة يشعر التردد بأنه عقلاني. يشعر الكمال بأنه مسؤول. يشعر التأخير بأنه مبرر.

لكن التكلفة هائلة.

كـل عـام تمـوت ملايـين الأفكـار بهـدوء ليـس لأنهـا كانـت سـيئة ولكن لأن شخصاً ما أقنع نفسه بأنه لم يكن جاهزاً.

هذا الكتاب موجود لتحدي ذلك المعتقد.

وعد هذا الكتاب

أنـت لـن تجـد تعلـيمات خطـوة بخطـوة هنـا. أنـت لـن تجـد قائمـة مـن العـادات لنسـخها أو صـيغة لتتبعهـا. بـدلاً مـن ذلـك أنـت سـتجد وضـوحاً النـوع الـذي يـأتي مـن فهـم القـوى الخفية التي تشكل قراراتك.

أنت ستتعلم:

• لماذا تموت الإمكانية طويلاً قبل أن يبدأ الجهد

• لماذا يشعر الخوف بأنه منطقي حتى عندما ليس كذلك

• لماذا يشعر الانتظار بأنه منتج ولكنه يدمر الزخم

• لماذا تستمر أساطير الموهبة وتحد من النمو

• لماذا ينمو الندم من عدم الفعل أقوى مع الوقت

• لماذا يخترق بعض الناس بينما يتوقف آخرون

• لماذا "التقريباً" هو أكثر مكان مؤلم للعيش فيه

والأهم من ذلك:

أنــت ســتتعلم كيــف تحــافظ عــلى أفكــارك حيــة لفــترة كافيــة حتى تصبح حقيقية.

هــذا الكتــاب لـيس عــن تجنــب المقــبرة. إنـه عــن رفــض المسـاهمة في ثروتها.

# الفصل 2

# ثقل التقريباً

هنــاك ثقــل خــاص يتبــع النــاس الــذين يعيشــون قريبــاً مـن إمكانيـاتهم ولكـنهم لا يـدخلون فيهـا بشـكل كامـل أبـداً. إنـه ليـس ثقـل الفشـل لأن الفشـل عـلى الأقـل يـأتي مـع حركـة مـع محـاولات مـع دروس. إنـه ليـس ثقـل الخسـارة لأن الخسـارة تـأتي مـن أن يكـون قـد حـاول مـن أن يكـون قـد اهـتم مـن أن يكـون قـد خـاطر بشيـء حقيقـي. الثقل الـذي أتحـدث عنـه أهدأ أنعم شبه غير مرئي من الخارج. إنه ثقل التقريباً.

التقريبـاً هـو الفكـرة التـي تحملهـا ولكنـك لا تبـدأ أبـداً. التقريبـاً هـو الحلـم الـذي تعـود إليـه في عقلـك ولكنـك لا تلتـزم بـه في أفعالـك أبـداً. التقريبـاً هـو النسـخة مـن نفسـك التـي تسـتطيع رؤيتها بوضـوح ولكنـك لا تصبحها أبـداً. التقريبـاً هـو الحيــاة التـي تمارسـها داخليـاً ولكنـك لا تعيشـها خارجيـاً أبـداً. التقريبـاً هـو الوعـد الـذي تسـتمر في صنعه لنفسـك ولكنـك لا تحافظ عليه لفترة كافية لرؤية تحويله لك.

معظم الناس لا يتحدثون عن تقريباتهم. هم يدفنونها تحت المسؤوليات تحت الروتينات تحت ضجيج الحياة اليومية. هم يقولون لأنفسهم إنهم يكونون عمليين. هم يقولون لأنفسهم إنهم يكونون صابرين. هم يقولون لأنفسهم إنهم ينتظرون اللحظة المناسبة. لكن تحت كل ذلك هناك ألم هادئ إحساس بأن شيئاً داخلياً غير مكتمل غير معبر عنه غير محاول.

التقريباً ليس عالي الصوت. إنه لا يصرخ. إنه يهمس. إنه يهمس عندما ترى شخصاً يفعل شيئاً كنت دائماً تريد فعله. إنه يهمس عندما تسمع قصة عن شخص بدأ متأخراً ولا يزال نجح. إنه يهمس عندما تستلقي مستيقظاً في الليل تفكر في الحياة التي كان بإمكانك أن تعيشها لو كنت قد اتخذت خطوة واحدة أبكر. إنه يهمس عندما تشعر باندفاع مفاجئ من الإلهام يتبعه موجة مفاجئة بالقدر نفسه من التردد. التقريباً هو الصوت الذي يقول "كان بإمكانك" طويلاً قبل أن يقول أبداً "كان يجب عليك".

ثقل التقريباً لا يُقاس بالندم وحده. إنه يُقاس بالطاقة التي يستغرقها حمل شيء لم تضعه أبداً. الناس يفكرون أن عدم البدء أسهل من البدء لكن الحقيقة هي العكس. عدم البدء مرهق. إنه يستنزفك ببطء بهدوء باستمرار. إنه يستغرق جهداً لتجنب إمكانيتك الخاصة. إنه يستغرق جهداً لإسكات أفكارك الخاصة. إنه يستغرق جهداً للتظاهر بأنك لا تهتم بشيء تهتم به بعمق. إنه يستغرق جهداً لإقناع نفسك بأنك بخير مع حياة تشعر بأنها أصغر من الحياة التي تخيلتها.

التقريباً يصبح ظلاً يتبعك في كل مكان. يمكنك أن تشتت نفسك عنه ولكنك لا تستطيع الهرب منه. يمكنك أن تدفنه تحت العمل تحت الترفيه تحت الالتزامات ولكنه يظهر مرة أخرى في اللحظات عندما تصبح الحياة هادئة. إنه يظهر مرة أخرى عندما تقود لوحدك. إنه يظهر مرة أخرى عندما تكون في الدش. إنه يظهر مرة أخرى عندما ترى شخصاً آخر ينجح. إنه يظهر مرة أخرى عندما تواجه انعكاسك الخاص ليس الواحد في المرآة ولكن الواحد في عقلك.

هناك لحظة في حيوات كثير من الناس عندما يدركون أنهم كانوا يعيشون في التقريباً لفترة طويلة جداً. إنها لا تأتي دائماً بشكل دراماتيكي. أحياناً تأتي بهدوء مثل تحول داخلي ناعم. شخص يستيقظ ذات صباح ويشعر بثقل غريب لا يستطيع تفسيره. هم يمضون في روتينهم ولكن شيئاً ما يشعر بأنه غير صحيح. هم يجلسون على مكتبهم أو في سيارتهم أو على طاولة مطبخهم وفجأة يشعرون بثقل كل الأشياء التي لم يفعلوها. ليس الأشياء التي فشلوا فيها الأشياء التي لم يحاولوها حتى.

التقريباً أثقل من الفشل لأن الفشل يعطيك شيئاً للعمل معه. الفشل يعطيك بيانات. الفشل يعطيك اتجاهاً. الفشل يعطيك وضوحاً. التقريباً يعطيك لا شيء سوى أسئلة. ماذا لو كنت قد حاولت؟ ماذا لو كنت قد بدأت أبكر؟ ماذا لو كنت قد أخذت تلك الفرصة؟ ماذا لو كنت قد آمنت بنفسي ـ قليلاً أكثر؟ ماذا لو كنت قد تجاهلت الخوف؟ ماذا لو كنت قد وثقت بالفكرة؟ ماذا لو كنت قد اتخذت خطوة واحدة بدلاً من الانتظار للحظة المثالية؟

التقريباً هو حياة تعاش في افتراضيات.

يمكنك رؤية هذا الثقل في عيون الناس إذا نظرت عن كثب. يمكنك رؤيته في الطريقة التي يتحدثون بها عن ماضيهم. يمكنك سماعه في الطريقة التي يصفون بها أحلامهم دائماً في صيغة المستقبل دائماً مع تلميح بالمسافة دائماً مع اعتذار هادئ مخفي بين الكلمات. يمكنك الشعور به في الطريقة التي يترددون بها قبل الإجابة على أسئلة مثل ما الذي تريده حقاً؟" أو "ماذا ستفعل إذا لم تكن خائفاً؟" التقريباً يجعل الناس يرتعدون عند حقيقتهم الخاصة.

هناك ناس يقضون عقوداً يعيشون في التقريباً بدون أن يدركوا ذلك. إنهم يصبحون خبراء في التشتيت. إنهم يصبحون أساتذة في التبرير. إنهم يصبحون ماهرين في إقناع أنفسهم بأنهم بخير بأنهم راضون بأنهم يفعلون ما يجب عليهم فعله. لكن كل حين وآخر شيء ما يخترق السطح ذكرى محادثة لحظة سكون ويصبح ثقل التقريباً لا يمكن إنكاره.

اعتبر رجلاً قضى ثلاثين عاماً في مهنة مستقرة لم يكن ينوي بناءها أبداً. هو أدى جيداً كسب احتراماً وأوفى بالتوقعات ولكنه كان دائماً يريد التدريس. هو تحدث عن التدريس بحماس لم يظهر أبداً عندما ناقش عمله الفعلي. ومع ذلك لم يطارده أبداً. هو أقنع نفسه بأنه كان متأخراً جداً محفوفاً بالمخاطر جداً غير مناسب جداً.

عند التقاعد لخص حياته بجملة واحدة:

"عشت حياة حركة وليس اتجاه."

إنه وصف دقيق لما يحدث عندما يُؤجل الإمكانية حتى ينفد الوقت.

التقريباً ليس دائماً عن مهن أو إنجازات. أحياناً إنه عن العلاقات. أحياناً إنه عن محادثات لم تُجر أبداً اعتذارات لم تُنطق أبداً غفران لم يُقدم أبداً. أحياناً إنه عن الشخص الذي أحبه شخص ما ولكنه لم يطارده أبداً لأنه كان خائفاً من الرفض. أحياناً إنه عن الصداقة التي تلاشت لأن لا شخص منهما تواصل. أحياناً إنه عن الوالد الذي أراد أن يقول "أنا فخور بك" ولكنه انتظر طويلاً جداً. أحياناً إنه عن

الطفل الذي أراد أن يقول "أنا أغفر لك" ولكنه لم يجد الشجاعة أبداً.

التقريباً هو المسافة بين النية والفعل.

ثقل التقريباً يصبح أثقل كلما طالت مدة حمله. في البداية يشعر كعدم راحة صغير جذب هادئ. لكن مع مرور الوقت يصبح عبئاً. إنه يصبح شيئاً تشعر به في وضعيتك في قراراتك في صمتك. إنه يصبح شيئاً يشكل هويتك بدون إذنك. الناس يبدأون في رؤية أنفسهم ليس كشخص لم يبدأ بعد ولكن كشخص لا يبدأ. هم يبدأون في الاعتقاد بأن تقريباتهم تحددهم.

لكن التقريباً ليس حكماً بالسجن مدى الحياة. إنه لحظة لحظة يمكن مقاطعتها توجيهها إعادة كتابتها. ثقل التقريباً ثقيل ولكنه ليس غير قابل للتحريك. إنه يتحول في اللحظة التي تتخذ فيها خطوة حتى لو كانت صغيرة. اللحظة التي تتصرف فيها اللحظة التي تبدأ فيها اللحظة التي تختار فيها الحركة على التردد يبدأ الثقل في الارتفاع.

ليس دفعة واحدة ليس بشكل دراماتيكي ولكن تدريجياً مثل ضباب ينقشع.

هناك سبب يشعر به الناس بأنهم أخف عندما يبدأون أخيراً شيئاً كانوا يتجنبونه. إنه ليس لأن المهمة تصبح أسهل. إنه لأن ثقل التقريباً يبدأ في الذوبان. الطاقة التي كانت تُنفق سابقاً في حمل العبء تُنفق الآن في خلق الزخم. الخوف الذي كان يشعر بأنه مشلول يصبح قابلاً للإدارة. الفكرة التي كانت تشعر بأنها مخيفة تصبح مألوفة. الحياة التي كانت تشعر بأنها بعيدة تصبح قابلة للوصول.

التقريباً يفقد قوته في اللحظة التي تختار فيها الفعل.

غرض هذا الفصل ليس جعلك تشعر بالذنب تجاه تقريباتك. إنه لمساعدتك على التعرف عليها. إنه لمساعدتك على فهم أن الثقل الذي تشعر به أحياناً ليس عيباً في شخصيتك إنه الثقل الطبيعي للإمكانية التي لم تُعبر عنها بعد. إنه الثقل الطبيعي للأفكار التي لم تُعطَ شكلاً بعد. إنه الثقل الطبيعي لحياة تطلب المزيد منك.

أنت لا تحتاج إلى حمل ذلك الثقل إلى الأبد. أنت لا تحتاج إلى العيش في التقريباً. أنت لا تحتاج إلى انتظار اللحظة المثالية. أنت لا تحتاج إلى انتظار الوضوح. أنت لا تحتاج إلى انتظار الثقة. أنت لا تحتاج إلى انتظار الإذن. أنت لا تحتاج إلى انتظار اختفاء الخوف. أنت فقط تحتاج إلى البدء.

عندما تنظر إلى الوراء بعد سنوات من الآن فإنك لن تندم على الأشياء التي حاولتها وفشلت فيها بنفس القدر تقريباً مثل الأشياء التي لم تحاولها أبداً. الفشل يلدغ ولكن التقريباً يطارد. الفشل يعلم ولكن التقريباً يستمر. الفشل يحركك إلى الأمام ولكن التقريباً يبقيك ثابتاً. ثقل التقريباً هو ثقل حياة متوقفة. اللحظة التي تضغط فيها على التشغيل يتغير كل شيء.

أنت لست محدداً بتقريباتك. أنت محدد بما تختار فعله التالي.

# الفصل 3

## أسطورة الاستعداد

هنـاك قصـة يرويهـا النـاس لأنفسـهم غالبـاً بـدون أن يـدركوا ذلـك قصـة تشـعر بأنهـا مريحـة لأنهـا تعطيـهم الإذن بالانتظـار. إنهـا قصـة الاستعداد. الاعتقاد بأنـه في يـوم مـا بـدون تحـــذير سيســتيقظون ويشــعرون بالاستعداد. أن الوضـــوح ســيأتي مثـل ضـوء الشـمس يخـترق الغيـوم. أن الثقـة ســتظهر مكتملـة التشـكيل. أن الخـوف سـيذوب لوحـده. أن اللحظـة المثاليـة ســتعرض نفسـها لا لـبس فيهـا ولا يمكـن إنكارهـا. هـذه القصـة شـائعة جـداً بحيـث أن معظـم النـاس لا يسـألون عنهـا أبـداً. هـم ببسـاطة يفترضـون أن الاستعداد هـو حالـة حقيقيـة شيء سيجدهم في النهاية إذا كانوا صابرين بما يكفي.

لكن الاستعداد ليس لحظة. إنه أسطورة.

النـاس يتخيلـون الاستعداد كشـعور - إحسـاس بـاليقين اندفاع مـن الـدافع هـدوء تأكيـد بـأن الآن هـو الوقت المناسـب. هـم يتخيلونـه كعلامـة شيء خـارجي سـيخبرهم متـى يبـدأون.

هـــم يتخيلونـــه كتحـــول داخـــلي تـوازن مفـاجئ للشـجاعة والوضـــوح. لكـن الاسـتعداد لا يعمـل بهـذه الطريقـة. إنـه لا يـأتي قبل الفعل. إنه يأتي بسبب الفعل.

معظـم النـاس يفهمـون هـذا خطـأ. هـم ينتظـرون الاسـتعداد بالطريقـة التـي ينتظـر بهـا شـخص حافلـة غـير قادمـة. هـم يقفـون سـاكنين ينظـرون أسـفل الطريـق يقولـون لأنفسـهم أن الحركـة سـتبدأ بمجـرد أن يـأتي الشـعور. هـم لا يـدركون أن الشـعور الـذي ينتظرونـه يُخلـق بواسـطة الحركـة نفسـها التـي يتجنبونها.

أسطورة الاستعداد قويـة لأنهـا تشـعر بأنهـا مسـؤولة. إنهـا تشـعر بأنهـا حكيمـة. إنهـا تشـعر بأنهـا ناضـجة. النـاس يقولـون لأنفسـهم إنهـم ليسـوا يؤجلـون هـم يسـتعدون. هـم يجمعـون معلومـات. هـم ينتظـرون الشـروط المناسـبة. هـم يكونـون مـدققين. هـم يكونـون حـذرين. هـم يكونـون واقعيـين. لكـن تحـت كـل ذلـك شيء أهـدأ يحـدث. هـم يحمـون أنفسـهم مـن عـدم الراحـة. هـم يحمـي أنفسـهم مـن عـدم اليقـين. هـم يتجنبون الضعف الذي يأتي مع البدء.

البدء غير مريح. إنه كان دائماً كذلك. إنه سيكون دائماً كذلك. لا يوجد نسخة من البدء تشعر بأنها آمنة تماماً. لا يوجد نسخة من البدء تلغي الشك. لا يوجد نسخة من البدء تضمن النجاح. وبسبب أن الناس يخافون عدم الراحة فإنهم يخلقون أسطورة الاستعداد كطريقة لتأخير اللحظة التي يجب عليهم مواجهتها فيها.

يمكنك رؤية هذه الأسطورة في الطريقة التي يتحدث بها الناس عن أحلامهم. شخص ما سيقول "أريد أن أبدأ عملاً ولكنني لست جاهزاً بعد." آخر سيقول "أريد أن أعود إلى المدرسة ولكنني أحتاج إلى ترتيب حياتي أولاً." شخص آخر سيقول "أريد أن أكتب كتاباً ولكنني أحتاج إلى المزيد من الوقت المزيد من الخبرة المزيد من الوضوح." هذه التصريحات تبدو معقولة. إنها تبدو مدققة. لكن إذا استمعت عن كثب فإنك ستسمع الحقيقة تحتها "أنا خائف من البدء."

الخـوف يتنكـر كاسـتعداد. إنـه يتنكـر كمنطـق. إنـه يتنكـر كصبر. إنـه يتنكـر كمسؤولية. لكـن الخـوف لا يـزال خوفـاً بغـض النظر عن مدى تطور التنكر.

هنـاك لحظـة في حيـاة كـل شخص عندما يـدركون أن الاسـتعداد لـيس قادمـاً. هـم يـدركون أن الشـعور الـذي كـانوا ينتظرونـه لـيس شرطـاً مسـبقاً للفعـل. هـم يـدركون أن النـاس الـذين يعجبـون بهـم أولئـك الـذين بنـوا خلقـوا غيروا حاولوا لم يبـدأوا لأنهـم شـعروا بالاسـتعداد. هـم بـدأوا لأنهـم اختـاروا التحـرك رغـم عـدم شـعورهم بالاسـتعداد. هـم بـدأوا لأنهـم فهموا أن الاستعداد ليس نقطة بداية إنه نتيجة.

فكـر في أي شـخص فعـل شـيئاً ذا معنـى أبـداً. والـد يحمـل طفلـه الأول لـيس جـاهزاً. طالـب يمشي ــ إلى فصلـه الأول لـيس جـاهزاً. قائـد يخطـو إلى المسـؤولية لـيس جـاهزاً. مبدع يشـارك عملـه مـع العالـم لـيس جـاهزاً. شـخص يـترك حياة مألوفـة لحيـاة جديـدة لـيس جـاهزاً. الاستعداد ليس مـا سمح لهم بالبدء. البدء هو ما سمح لهم بالنمو إلى الاستعداد.

الناس غالباً يفترضون أن الآخرين يمتلكون شيئاً يفتقرون إليه شجاعة أكثر ثقة أكثر يقين أكثر. هم يتخيلون أن الناس الذين يبدأون يجب أن يشعروا مختلفين داخلياً يجب أن يكون لديهم ميزة داخلية ما تجعل البدء أسهل. لكن الحقيقة أبسط وبعيدة التحرر جداً الناس الذين يبدأون يشعرون بالخوف نفسه بالشك نفسه بعدم اليقين نفسه. الفرق الوحيد هو أنهم لا ينتظرون حتى تختفي تلك المشاعر. هم يتحركون معها.


بعض الناس يقتربون من أهداف جديدة بالطريقة التي يقترب بها كثير من الناس من تعلم السباحة هم ينتظرون الثقة قبل الدخول إلى الماء. هم يقفون على حافة المسبح يشاهدون الآخرين يتحركون بسهولة يقولون لأنفسهم إنهم سيقفزون داخل الماء بمجرد أن يشعروا بالاستعداد. لكن الثقة لا تأتي قبل الغمر. إنها تأتي بسبب الغمر. شخص ما يمكن أن يقف هناك لسنوات ينتظر شعوراً لن يأتي أبداً. الطريقة الوحيدة لأن تصبح واثقاً في الماء هي أن تدخل الماء. الطريقة الوحيدة لأن تصبح جاهزاً لشيء ما هي أن تبدأ في فعله.

الحياة تعمل بنفس الطريقة.

الناس ينتظرون الاستعداد لأنهم يعتقدون أنه سيحميهم من الفشل. هم يعتقدون أنه إذا انتظروا لفترة كافية فإنهم سيصلون إلى نقطة يختفي فيها الخطر. لكن الخطر لا يختفي أبداً. إنه يغير شكله ولكنه لا يغادر أبداً. الانتظار لا يلغي الخطر. إنه يلغي الوقت فقط. والوقت هو المورد الوحيد الذي لا تستطيع تجديده.

هناك تكلفة للانتظار لا يحسبها معظم الناس أبداً. هم يفكرون أن الانتظار محايد ولكنه ليس كذلك. الانتظار له ثمن. كل يوم يُقضى ـ في الانتظار هو يوم يُقضى ـ في تعزيز التردد. كل يوم يُقضى ـ في الانتظار هو يوم يُقضى ـ في تقوية الاعتقاد بأنك لا تستطيع البدء حتى تشعر بشكل مختلف. كل يوم يُقضى ـ في الانتظار هو يوم يُقضى ـ في تعليم عقلك أن الخوف يجب أن يُطاع. مع مرور الوقت يصبح الانتظار عادة. والعادات تصبح هويات.

الناس لا يدركون مدى سرعة تحول الانتظار إلى من هم. هم يبدأون في رؤية أنفسهم كشخص يحتاج إلى المزيد

مـــن الوقـت شخص يحتـاج إلى المزيـد مـن الوضـوح شخص يحتــاج إلى المزيـد مـن الثقــة. هـم يبـدأون في الاعتقاد بـأنهم النـوع مـن النـاس الـذين لا يستطيعون البـدء حتـى يكون كـل شيء مثاليــاً. هـم يبـدأون في الاعتقـاد بـأنهم النـوع مـن النـاس الـذين يجـب أن ينتظـروا الاسـتعداد. لكـن هـذا الاعتقاد لـيس انعكاساً لإمكانيتهم. إنه انعكاس لتكييفهم.

أسـطورة الاسـتعداد ليسـت مجـرد فـخ نفسـي. إنهـا فـخ ثقـافي. المجتمـع يمـدح الاسـتعداد. إنـه يمـدح الحـذر. إنـه يمـدح التخطـيـط. وبيـنـما للتخطـيـط مكانـه فإنـه يمكـن أن يصبـح بسـهولة شـكلاً مـن أشـكال التجنـب. النـاس يمكـنهم قضـاء سـنوات في تخطـيـط حيـاة لم يعيشـوها فعليـاً أبـداً. يمكـنهم قضـاء سـنوات في الاسـتعداد للحظـة لم تصـل أبـداً. يمكـنهم قضـاء سـنوات في إقنـاع أنفسـهم بـأنهم يكونـون مسـؤولين بينـما هم في الواقع يُكبحون بواسطة الخوف.

نـاك فـرق بـين الاسـتعداد والتأجيـل. الاسـتعداد يحركـك إلى الأمـام. التأجيـل يبقيـك ثابتـاً. الاسـتعداد يبنـي زخمـاً. التأجيـل يبنـي أعـذاراً. الاسـتعداد يخلـق وضـوحاً. التأجيـل

يخلـق ارتباكاً. الاسـتعداد يقـوي الثقـة. التأجيـل يقـوي الشـك. أسـطورة الاستعداد تمحـو الخـط بـين الاثنـين حتـى لا يستطيع الناس بعد الآن أن يميزوا أي واحدة يمارسون

هنـاك لحظـة عنـدما يـدرك شخص مـا أن الطريقـة الوحيـدة لكسـر الأسـطورة هـي التصرـف. لـيس بشـكل درامـاتيكي. لـيس بتهـور. لـيس بكـمال. فقـط تصرـف. خطـوة صـغيرة واحـدة. محاولـة صـغيرة واحـدة. حركـة صـغيرة واحـدة. ويحـدث شيء رائـع عنـدما يفعلـون ذلـك. الخـوف لا يختفـي ولكنـه يصـبح قـابلاً لـلإدارة. الشـك لا يختفـي ولكنـه يصبـح أهـدأ. عـدم اليقـين لا يـذوب ولكنـه يصبـح أقـل تخويفـاً. فعـل البدء يغير المنظر العاطفي.

النـاس يتخيلـون أن الاسـتعداد هـو شـعور يسـبق الفعـل. لكـن الاستعداد هـو شعور يتبـع الفعل. إنـه ينمـو مـع كـل خطـوة. إنـه يقـوى مـع كـل محاولـة. إنـه يتوسـع مـع كـل لحظة من الحركة. كلما فعلت أكثر كلما شعرت بأنك أكثر

قـدرة. كلـما شـعرت بأنـك أكـثر قـدرة كلـما فعلـت أكـثر. الاسـتعداد لـيس بابـاً تمشـي ــ مـن خلالـه. إنـه طريـق تبنيـه تحـت قدميك.


هنـاك سـبب يشـعر بـه النـاس باندفـاع مـن الطاقـة بعـد اتخـاذ خطـوة صـغيرة نحـو شيء كـانوا يتجنبونـه. إنـه لـيس لأن المهمـة أصـبحت أسـهل. إنـه لأنهـم كسـروا الأسـطورة. هـم أثبتـوا لأنفسـهم أنهـم يسـتطيعون التصرف بـدون انتظـار اللحظـة المثاليـة. هـم أثبتـوا لأنفسـهم أنهـم يسـتطيعون الحركـة حتـى عنـدما يشـعرون بعـدم اليقـين. هـم أثبتـوا لأنفسـهم أن الاستعداد ليس شرطاً.

أسـطورة الاسـتعداد قويـة ولكنهـا هشـة. إنهـا تنهـار في اللحظـة التي تبدأ فيها.


د لا تشـعر بالاسـتعداد لبـدء المشـروع الـذي كنـت تفكـر فيـه. قـد لا تشـعر بالاسـتعداد لإجـراء المحادثـة التـي كنـت تتجنبهـا. قـد لا تشـعر بالاسـتعداد لإجـراء التغيـير الـذي كنـت تتخيلـه. لكـن الاسـتعداد لـيس الإشـارة للبـدء. البـدء هـو الإشـارة بأن الاستعداد سيتبع.

هناك نسخة منك توجد على الجانب الآخر من الفعل نسخة تكون أكثر ثقة أكثر قدرة أكثر رسوخاً. أنت لا تصبح تلك النسخة بالانتظار. أنت تصبح تلك النسخة بالحركة. أنت تصبح تلك النسخة بخطوة في عدم الراحة بدلاً من الخطوة بعيداً عنها. أنت تصبح تلك النسخة باختيار الفعل على التردد.

أسطورة الاستعداد تذوب في اللحظة التي تفهم فيها أنك لا تحتاج إلى الشعور بالاستعداد لبدء. أنت فقط تحتاج إلى أن تكون راغباً. راغباً في المحاولة. راغباً في التعلم. راغباً في الفشل. راغباً في التعديل. راغباً في النمو. راغباً في اتخاذ خطوة واحدة حتى لو كانت صغيرة حتى لو كانت غير كاملة حتى لو كانت غير مؤكدة.

الاستعداد ليس شعوراً. إنه نتيجة. إنه نتيجة الحضور. إنه نتيجة المحاولة. إنه نتيجة البدء قبل أن تشعر بالاستعداد. الناس الذين يبنون الناس الذين يخلقون الناس الذين يغيرون حيواتهم ليسوا أولئك الذين ينتظرون

الاستعداد. هم أولئك الذين يفهمون أن الاستعداد يُبنى
ولا يُوجد.


نت لا تحتاج إلى الانتظار للحظة المثالية. أنت لا
تحتاج إلى الانتظار للوضوح. أنت لا تحتاج إلى الانتظار
للثقة. أنت لا تحتاج إلى الانتظار حتى يختفي الخوف. أنت
فقط تحتاج إلى البدء. كل شيء آخر سيلتقيك في الطريق.

# الفصل 4

## الخوف والاحتكاك والجدار الخفي

يـأتي نقطــة في تقريبـا كـل سـعي ذي معنـى حيـث لا يتباطأ التقـدم فقـط بـل يبـدو كأنـه يتوقـف. ليـس لأن الطريـق قـد اختفـى وليـس لأن الهـدف قـد تغيـر ولكـن لأن شـيئاً غيـر مـرئي قـد ارتفـع بينـك وبيـن الخطـوة التاليـة. لا يـزال بإمكانـك رؤيـة مـا تريـده. لا يـزال بإمكانـك تـذكر لمـاذا بـدأت. لا يـزال بإمكانـك الشـعور بجـذب الحيـاة التـي تحـاول بناءهـا. لكـن عندمـا تحـاول التحـرك يبـدو كأنـك اصطدمت بشيـء صـلب بشيـء لـن يسـمح لـك بـالمرور. لا تسـتطيع الإشـارة إليـه. لا تسـتطيع لمسـه. لا تسـتطيع إظهـاره لأي شـخص آخـر. لكنـك تسـتطيع الشـعور به. ذلك هو الجدار الخفي.

الجـدار الخفـي ليـس مصنوعـاً مـن الحجـر أو الصـلب. إنـه مصنـوع مـن الخـوف والاحتكـاك. الخـوف هـو الـوزن العـاطفي الـذي يجعـل كـل خطـوة تشـعر بأنهـا أثقـل ممـا ينبغـي. الاحتكـاك هـو المقاومـة العمليـة التـي تجعـل كـل فعـل يشـعر بأنـه أكـثر تعقيـداً ممـا يحتـاج إلى أن يكـون. معـاً يخلقـان

حـاجزاً يشـعر بأنـه حقيقـي بمـا يكفـي لإيقـاف النـاس في مسـاراتهم حتـى لـو كـان موجـوداً بالكامـل داخـل عقـولهم وبيئاتهم.

الخـوف غالبـاً مـا يُفهـم خطـأ. النـاس يفكـرون فيـه كثيـراً دراماتيكي شيء واضـح شيء يظهـر فقـط في مواقـف متطرفـة. لكـن الخـوف الـذي يوقـف النـاس عـن بنـاء الحيـوات التـي يريـدونها نـادراً مـا يكـون دراماتيكيـاً. إنـه خفـي. إنـه هـادئ. إنـه يختبـئ خلـف أفكـار معقولـة. إنـه يختبـئ خلـف عبـارات مثـل "مـاذا لـو لم يعمـل هـذا؟" أو "مـاذا سيقول النـاس؟" أو "مـاذا لـو لم أكـن جيـداً بمـا يكفـي؟" إنـه يختبـئ خلـف الرغبـة في تجنـب الإحـراج تجنـب الحكـم تجنـب الإحبـاط. إنـه يختبـئ خلـف الحاجـة إلى حمايـة صـورة عـن نفسـك تشـعر بأنهـا آمنـة حتـى لـو كانـت تلـك الصـورة أصغر من مـن يمكن أن تصبح.

هنـاك خـوف الفشـل بالطبـع. خـوف محاولـة شيء وعـدم النجـاح. خـوف استثمار الوقـت والطاقـة والعاطفـة في شيء قـد لا يعمـل. لكـن تحـت ذلـك هنـاك خـوف آخـر نـادراً مـا

يعترف به الناس خوف أن يُرى وهو يحاول. إنه شيء واحد أن تفشل في الخصوصية. إنه شيء آخر أن تفشل حيث يمكن للآخرين أن يشهدوا ذلك. كثير من الناس يفضلون العيش مع الألم الهادئ لعدم المحاولة أبداً على مخاطرة اللدغة المرئية للمحاولة والقصور.

ثم هناك خوف النجاح الذي يبدو غريباً حتى تنظر إليه عن كثب. النجاح يجلب التغيير. إنه يجلب توقعات جديدة ومسؤوليات جديدة وضغوطاً جديدة. إنه يمكن أن يغير العلاقات. إنه يمكن أن يعطل الروتينات. إنه يمكن أن يجبرك على مواجهة أجزاء من نفسك كنت قادراً على تجنبها. بعض الناس ليسوا خائفين من أنهم سيفشلون. إنهم خائفون من أنهم سينجحون ولن يعودوا يتعرفون على حياتهم الخاصة. إنهم خائفون من أن النجاح سيطالب منهم أكثر مما يشعرون بالاستعداد لإعطائه.

الخوف ليس دائماً عالي الصوت. أحياناً يظهر كتردد. أحياناً يظهر كتفكير زائد. أحياناً يظهر كبحث لا نهائي وتخطيط لا نهائي وتحضير لا نهائي. أحياناً يظهر كرغبة

مفاجئة في تنظيف المنزل أو التحقق من هاتفك أو التمرير عبر حيوات الآخرين أو إعادة ترتيب مكتبك بدلاً من القيام بالشيء الذي تعرف أنك بحاجة إلى القيام به. الخوف نادراً ما يقول "لا تفعل هذا." إنه عادة يقول "افعله لاحقاً".

إذا كان الخوف هو الجانب العاطفي للجدار الخفي فإن الاحتكاك هو الجانب العملي. الاحتكاك هو أي شيء يجعل الفعل أصعب مما يجب أن يكون. إنه مساحة العمل المزدحمة التي تجعل من الصعب الجلوس والتركيز. إنه نقص خطة واضحة يجعل كل قرار يشعر بأنه ثقيل. إنه غياب الأدوات أو الموارد أو الدعم الذي يحول المهام البسيطة إلى مهام معقدة. إنه الطريقة التي يدعم بها بيئتك أو عاداتك أو أنظمتك حركتك أو يقاومها.

الاحتكاك يمكن أن يكون ببساطة مثل اضطرارك إلى البحث عن دفترك في كل مرة تريد فيها الكتابة أو معقداً مثل العمل في وظيفة تستنزف الكثير من طاقتك بحيث لا يتبقى لديك شيء لما يهمك. إنه يمكن أن يكون صغيراً مثل إشعار مشتت أو كبيراً مثل علاقة تُقوض ثقتك باستمرار.

الاحتكاك ليس دائماً مقصوداً. إنه غالباً نتيجة الإهمال من عدم تصميم حياتك أبداً بطريقة تجعل من السهل عليك التحرك نحو ما تريده.

عندما يجتمع الخوف والاحتكاك فإنهما يخلقان الجدار الخفي. الخوف يجعلك تسأل نفسك ما إذا كان يجب أن تتحرك. الاحتكاك يجعل التحرك أصعب حتى عندما تقرر ذلك. النتيجة هي شعور بالعالق الذي يمكن أن يكون محبطاً بعمق. يبدأ الناس في التفكير "ربما هذا ليس مقصوداً لي" أو "ربما أنا لست النوع من الشخص الذي يستطيع فعل هذا" أو "ربما إذا كان بهذه الصعوبة فهذا علامة على أنني يجب أن أتوقف." إنهم يخلطون بين وجود المقاومة وبين غياب الإمكانية.

لكن المقاومة ليست علامة على أنك على الطريق الخاطئ. إنها علامة على أنك على طريق حقيقي.

أي شيء يهم سيواجهك في النهاية بالخوف والاحتكاك. أي شيء يطلب منك أن تنمو سيطلب منك في النهاية أن تتحرك

عـبر عـدم الراحـة. أي شيء لديـه الإمكانيـة لتغيـير حياتـك سيطلب منـك في النهايـة أن تواجـه الجـدار الخفـي. السـؤال ليس مـا إذا كـان الجـدار سـيظهر. سـيظهر. السـؤال هـو مـاذا ستفعل عندما يحدث ذلك.

هنـاك نمـط يظهـر في حيـوات النـاس الـذين يبنـون. هـم لا ينتظـرون حتـى يختفـي الخـوف. هـم لا ينتظـرون حتـى يـزول الاحتكـاك. هـم لا ينتظـرون حتـى ينهار الجـدار مـن تلقـاء نفسـه. هـم يتعلمـون التحـرك مـع الخـوف بـدلاً مـن الانتظـار للتحـرك بدونـه. هـم يتعلمـون تقليـل الاحتكـاك بـدلاً مـن قبولـه كـأمر ثابـت. هـم يتعلمـون رؤيـة الجـدار ليـس كحـاجز دائـم ولكن كاختبار مؤقت.

تخيـل شخصـاً يريـد أن يبـدأ التمريـن بعـد سـنوات مـن عـدم النشـاط. في البدايـة تشـعر الفكـرة بأنها ملهمـة. هـم يتخيلـون أنفسـهم أقـوى وأصـح وأكـثر حيويـة. هـم يشـترون أحذيـة جديـدة. هـم يشـاهدون فيديوهات. هـم يقـرأون مقـالات. هـم يشـعرون بالتحفيز. لكـن عنـدما تـأتي اللحظـة للبـدء فعليـاً يظهـر الجـدار الخفـي. يهمـس الخـوف "مـاذا لـو لم

تستطع الاستمرار؟" أو "ماذا لو حكم عليك الناس؟" أو ماذا لو بدوت أحمق؟" يضيف الاحتكاك "ليس لديك" المعدات المناسبة" أو "أنت لا تعرف ما تفعله" أو "أنت متعب جداً اليوم." هذا الجمع كافٍ لإيقافهم قبل أن يأخذوا حتى الخطوة الأولى.

الآن تخيل الشخص نفسه يقرر المشي ـ لمدة عشر ـ دقائق حتى مع الخوف حتى مع الاحتكاك. الجدار لا يختفي ولكنهم يجدون فتحة صغيرة فيه. هم يمشون على أي حال. في اليوم التالي الجدار لا يزال هناك ولكنه يشعر بأنه أرفع قليلاً. الخوف لا يزال موجوداً ولكنه الآن مصحوب بشعور جديد ذكرى أنهم تحركوا رغم ذلك. الاحتكاك لا يزال موجوداً ولكنهم يبدأون في تعديل بيئتهم بترك أحذيتهم بجانب الباب بضبط تذكير باختيار طريق بسيط. مع مرور الوقت الجدار لا يختفي ولكنه يفقد قوته.

الجدار الخفي ليس حدثاً واحداً. إنه تجربة متكررة. إنه يظهر في بداية مشروع في وسطه وأحياناً حتى قرب النهاية. إنه يظهر عندما أنت على وشك البدء عندما أنت

على وشك المشاركة عندما أنت على وشك الالتزام عندما أنت على وشك التغيير. إنه يظهر كلما أنت على وشك العبور من النية إلى الفعل من الخاص إلى العام من الراحة إلى النمو.

قد تشعر به عندما تجلس لتكتب وفجأة تشعر برغبة في التحقق من هاتفك. قد تشعر به عندما أنت على وشك إرسال رسالة قد تصلح علاقة وفجأة تقنع نفسك بأن الآن ليس الوقت المناسب. قد تشعر به عندما أنت على وشك التقدم لفرصة وفجأة تقرر أنك غير مؤهل. قد تشعر به عندما أنت على وشك الكلام في اجتماع وفجأة تقول لنفسك أن أفكارك ليست تستحق المشاركة. الجدار ليس دائماً دراماتيكياً. أحياناً إنه مجرد تحول خفي من "سأفعل" إلى "ربما" إلى "لن أفعل".

واحد من أخطر جوانب الجدار الخفي هو أنه يمكن أن يجعلك تشك في رغبتك الخاصة. قد تبدأ في التفكير "لو كنت أريده حقاً لما كان بهذه الصعوبة." لكن الصعوبة ليست مقياساً للرغبة. إنها مقياس للمقاومة. يمكنك أن تريد

شـيئاً بعمـق ولا تـزال تشـعر بـالخوف. يمكنـك أن تريـد شـيئاً بعمـق ولا تـزال تشـعر بالإرهـاق. يمكنـك أن تريـد شـيئاً بعمـق ولا تـزال تشـعر بالانسـداد. وجـود الخـوف والاحتكـاك لا يعنـي أن رغبتـك ضـعيفة. إنـه يعنـي أن رغبتـك حقيقيـة بمـا يكفـي لتحدي الأجزاء منك التي تفضل السلامة على النمو.

هنـاك طريقـة للتفكيـر في الخـوف يمكـن أن تغيـر علاقتـك بـه. الخـوف لـيس دائمـاً تحـذيراً بـأن شـيئاً خاطئـاً. أحيانـاً إنـه إشـارة بـأن شـيئاً يهـم. إذا شـعرت بعـدم وجـود أي شيء عـلى الإطـلاق عنـدما تفكـر في البـدء فقـد يكـون ذلـك علامـة عـلى أنـك لسـت مسـتثمراً عاطفيـاً. لكـن إذا شـعرت بمـزيج مـن الإثـارة والخـوف فغالبـاً مـا يكـون ذلـك علامـة عـلى أنـك تقـف قـرب شيء مهـم. الجـدار الخفـي يظهـر بوضـوح أكـبر أمام الأبواب التي تؤدي إلى مكان ذي معنى.

الاحتكـاك أيضـاً يمكـن إعـادة صياغته. إنـه لـيس دائمـاً علامـة عـلى أنـك غـير قـادر. أحيانـاً إنـه ببسـاطة علامـة عـلى أن بيئتـك لم تُشـكل بعـد لـدعم نوايـاك. مكتـب مـزدحم لـيس حكـماً عـلى انضـباطك. إنـه إشـارة إلى أن مسـاحتك تحتـاج إلى

أن تُحـاذى مـع أولوياتـك. جـدول زمنـي فوضـوي لـيس دلـيلاً على أن لـيس لـديك وقت. إنـه إشارة إلى أن وقتـك لم يُطالـب بـه بعـد بشـكل مقصـود. نقـص الأدوات لـيس دلـيلاً على أنـك غير مستعد. إنه إشارة إلى أنك لم تجمع بعد ما تحتاجه.

الجـدار الخفـي يصبـح أقـل تخويفـاً عنـدما تتوقـف عـن رؤيتـه كقـوة غامضـة وتبـدأ في رؤيتـه كمـزيج مـن عناصـر مفهومـة خـوف يمكـن الاعـتراف بـه وحملـه احتكـاك يمكـن تقليلـه وإعـادة تصـميمه. أنـت لا تحتـاج إلى إزالـة الخـوف لتتحـرك. أنـت لا تحتـاج إلى إزالـة الاحتكـاك لتتصـرف. أنـت فقـط تحتـاج إلى التعـرف علـيهما لمـا هـما عليـه ورفـض السـماح لهـما بتحديـد ما هو ممكن بالنسبة لك.

هنـاك تحـول بسـيط ولكنـه قـوي يحـدث عنـدما تتوقـف عـن السـؤال "كيـف أتخلـص مـن الخـوف؟" وتبـدأ في السـؤال "كيـف أتحـرك مـع وجـود الخـوف؟" السـؤال الأول يبقيـك تنتظـر. السـؤال الثـاني يجعلـك تتحـرك. الأول يفـترض أن الخـوف يجـب أن يُحـل قبـل الفعـل. الثـاني يفـترض أن الفعـل يمكـن أن

يتعايش مع الخوف. الأول يبقيك في قاعدة الجدار. الثاني يساعدك في العثور على طريق من خلاله.

نفس الشيء صحيح بالنسبة للاحتكاك. بدلاً من السؤال "كيف أجعل هذا بدون جهد؟" يمكنك أن تسأل "كيف أجعل هذا أسهل مما هو عليه الآن؟" قد لا تكون قادراً على إزالة كل عقبة ولكن يمكنك إزالة بعضها. قد لا تكون قادراً على خلق ظروف مثالية ولكن يمكنك خلق ظروف أفضل. قد لا تكون قادراً على السيطرة على كل شيء في بيئتك ولكن يمكنك السيطرة على ما يكفي لجعل الحركة أكثر احتمالاً من الركود.

الجدار الخفي ليس لحظة واحدة من المقاومة. إنه نمط. بمجرد أن تبدأ في ملاحظته ستراه في العديد من مجالات حياتك. ستراه عندما أنت على وشك بدء شيء جديد. ستراه عندما أنت على وشك تعميق شيء موجود. ستراه عندما أنت على وشك التخلي عن شيء لم يعد يخدمك. في كل مرة ستشعر بنفس الإحساسات المألوفة

الشـك الـتردد التشـتت عـدم الراحـة. في كـل مـرة سـيكون لـديك خيار التراجع أو الخروج من خلاله.

الخـروج مـن خلالـه لا يعنـي أنـك تشـعر بالشـجاعة. إنه يعنـي أنـك تتصرـف حتـى عنـدما لا تشـعر بـذلك. الخـروج مـن خلالـه لا يعنـي أنـك تشـعر بالتأكـد. إنـه يعنـي أنـك تتحـرك حتـى وأنـت تحمـل أسـئلة. الخـروج مـن خلالـه لا يعنـي أنـك تشـعر بـالقوة. إنـه يعنـي أنـك تأخـذ خطـوة حتـى عندما تشـعر بالهشاشـة. الجـدار الخفـي لا يُهـزم بفعـل شـجاعة واحـد. إنـه يُلبس بالتكرار بأفعال متكررة من الحركة.

هنـاك نـوع هـادئ مـن القـوة في النـاس الـذين تعلمـوا العيـش بهـذه الطريقـة. هـم ليسـوا بـلا خـوف. هـم مأنوسـون بـالخوف. هـم ليسـوا غيـر متـأثرين بالاحتكـاك. هـم مـاهرون في تقليلـه. هـم ليسـوا محصنين ضـد الجـدار الخفـي. إنهـم ببسـاطة غير راغبين في السماح له بتحديد شكل حيواتهم.

قـد لا تتوقـف أبـداً عـن الشـعور بوجـود ذلـك الجـدار. لكـن يمكنـك أن تتوقـف عـن معاملتـه كـأمر. يمكنـك أن تتوقـف

عــن تفسـيره كعلامـة عـلى أنـك يجـب أن تـدور. يمكنـك أن تبدأ في رؤيتــه كإشــارة عـلى أنـك قريـب مـن شيء يهـم. يمكنـك أن تبـدأ في التعـرف عـلى أن الثقـل الـذي تشـعر بـه لـيس سـبباً للتوقف بل سبباً للانتباه.


سـيكون هنـاك دائمـاً لحظـة فقـط قبـل أن تفعـل شـيئاً يهـم عنـدما يريـد كـل شيء داخلـك أن يتوقـف. ذلـك هـو الجـدار. ستشـعر بـه عنـدما أنـت عـلى وشـك قـول نعـم لفرصـة تخيفـك. ستشـعر بـه عنـدما أنـت عـلى وشـك قـول لا لشيــء كان يبقيـك صغيراً. ستشـعر بـه عنـدما أنـت عـلى وشـك مشـاركة شيء صـادق طلـب المسـاعدة وضـع حـد أو اتخـاذ مخاطرة. الجـدار سـيظهر كـما يفعـل دائمـاً. وفي تلـك اللحظـة سـيكون لديك خيار سيَشكل بهدوء اتجاه حياتك.

يمكنـك أن تنتظـر حتـى يختفـي الجـدار. أو يمكنـك أن تمشي— نحوه واكتشاف أنه لم يكن أبداً صلباً كما بدا.

# الفصل 5

## مشكلة الزخم

هنــاك نـوع خـاص مـن الإحبــاط لا يـأتي مـن عـدم البـدء أبـداً بـل مــن البـدء مـرة بعـد مـرة. إنـه الشــعور برؤيــة نفسـك تأخـذ الخطــوة الأولـى أحيانــاً حتـى الثانيــة أو الثالثــة فقـط لتشـاهد كـل شيء يتباطـأ ويتوقـف ويتوقـف في النهايـة. أنـت تنظـر إلى الـوراء وتـرى أثـراً مـن البـدايات خلفـك مشـاريع عـادات أفكـار محــاولات كـل واحـدة بـدأت بنيــة صـادقة كـل واحـدة تـم التخلي عنهـا في مكـان مـا في الوسـط. أنـت لم تعـد تشـك في قدرتك على البدء. أنت تشك في قدرتك على الاستمرار.

هذه هي مشكلة الزخم.

الزخم هـو مـا يحـدث عنـدما تـتراكم الجهـود. إنـه القـوة الخفيــة التـي تجعـل الخطـوة الثانيــة أسـهل مـن الأولى والثالثـة أسـهل مـن الثانيـة. إنـه الشـعور بأنـك تُحمـل إلى الأمـام بواسـطة ثباتـك الخـاص. في أفضـل حالاتـه يشـعر الـزخم كـريح خلفيـة هادئـة خلـف أفعالـك. لا يـزال يجـب عليـك تحريـك سـاقيك

ولكــن شــيئاً مــا يســاعدك. لا يــزال يجــب عليــك الحضــور ولكــن
شيئاً ما يجعل الحضور أقل ثقلاً مما كان عليه من قبل.

المشــكلة هــي أن معظــم النــاس لا يبقــون في حالــة حركــة
لفــترة كافيــة أبــداً ليختــبروا ذلــك الشــعور بشــكل كامــل. هــم
يعيشــــون في دورة مــــن الانفجــــارات القصــــيرة والتوقفــــات
الطويلــة. هــم يحصلــون عــلى الإلهــام هــم يبــدأون هــم يدفعون
بقــوة لعــدة أيــام أو أســابيع ثــم يقــاطعهم شيء مــا. أســبوع
مــزدحم. مشــكلة غــير متوقعــة. انخفــاض في التحفيــز. لحظــة
شــك. فشــل صغــير. يــوم فائــت. وبــدلاً مــن معاملــة ذلــك
المقاطعــة كجــزء طبيعــي مــن العمليــة فــإنهم يعاملونهــا كالنهايــة
العملية.

الــزخم هــش في البدايــة. عنــدما تبــدأ شــيئاً لأول مــرة
فــإن كــل اضــطراب صغير يشــعر بأنــه أكــبر مــما هــو عليــه. يــوم
فائــت واحــد يشــعر كــدليل عــلى أنــك لســت جــاداً. خطــأ واحــد
يشــعر كــدليل عــلى أنــك غــير قــادر. انتكاســة واحــدة تشــعر
كــدليل عــلى أن هــذا لــيس مقصــوداً لــك. المراحــل المبكــرة مــن
أي جهــد هــي عنــدما يكــون اعتقــادك بنفســك لا يــزال يتشــكل.

أنـت لم تحصـل بعـد عـلى دليـل كـافٍ لتثـق بأنـك تسـتطيع الاستمرار لذا كل مقاطعة تشعر كحكم.

مشـكلة الـزخم ليسـت فقـط عـن الانضبـاط. إنهـا عـن التفسـير. إنهـا عـن مـا تقولـه لنفسـك عنـدما تبطـئ الأمـور. يمكـن لشخصـين أن يختـبرا نفـس المقاطعـة ويـردا بطـرق مختلفـة تمامـاً. شـخص واحـد يفـوت يومـاً مـن الكتابـة ويفكـر "لقـد أفسـدته. أنـا دائمـاً أفعـل هـذا. لا أسـتطيع البقـاء متسـقاً." شـخص آخـر يفـوت يومـاً ويفكـر "لقـد فاتني اليـوم. غـداً أسـتمر." الشـخص الأول يـرى المقاطعـة كبيـان عـن شخصيته. الشخص الثاني يراها كتقلب طبيعي في عملية طويلة.

الـزخم لـيس غيـاب المقاطعـة. إنـه القـدرة عـلى إعـادة البـدء بسرعة بعد المقاطعة.

كثيـر مـن النـاس يفكـرون في الـزخم كشيء إمـا موجـود أو غـير موجـود. هـم يتخيلونـه كمفتـاح تشـغيل أو إيقـاف. لكـن الـزخم أشـبه بالنـار. إنـه لا ينتقـل مـن الاشـتعال إلى الـذهاب في لحظـة واحـدة. إنـه يخفـت. إنـه يضـعف. يمكـن إهمالـه. يمكـن خنقـه. لكـن طالـما هنـاك شرارة يمكـن إحياؤهـا.

المشـكلة هـي أن معظـم النـاس عنـدما يـرون اللهـب يخمـد يبتعدون بدلاً من إضافة قطعة خشب أخرى.

هنـاك نمـط يظهـر في الصـحة في العمـل الإبداعي في العلاقـات في التـعلم في تقريبـا كـل مجـال حيـث النمـو ممكـن. شـخص مـا يقـرر إجـراء تغييـر. هـم يشـعرون بـالتحفيز. هـم يضـعون هـدفاً. هـم يخلقـون خطـة. هـم يبـدأون. لفتـرة مـن الوقـت كـل شيء يشـعر بأنـه واعـد. هـم يـرون نتائـج صـغيرة. هـم يشـعرون بـالفخر. هـم يتخيلـون النسـخة المسـتقبلية مـن أنفسـهم التـي أكملـت الرحلـة بالفعـل. ثـم يحـدث شيء مـا. الميـزان يتوقـف عـن الحركـة. الكلـمات تتوقـف عـن التـدفق. العمـل لا ينمـو بسرـعة كـما كـانوا يـأملون. الـردود أبطـأ مـما كـان متوقعاً. الجديد يتلاشى. العمل يبدأ في الشعور بالعادي.

هذه هي النقطة التي يُبنى فيها الزخم أو يُكسر.

إذا كـانوا يتوقعـون أن التقـدم يشـعر دائمـاً بالإثـارة فـإنهم سيفسرـون هـذه المرحلـة كفشـل. هـم سيفكرون "إنه لا يعمل بعد

الآن" أو "لقد فقدته" أو "ربما كانت هذه فكرة سيئة." هم سيبحثون عن خطة جديدة أو طريقة جديدة أو فكرة جديدة يمكن أن تعطيهم الشعور الذي كان لديهم في البداية. هم سيطاردون النشوة للبدء بدلاً من تعلم مهارة الاستمرار.

لكن إذا فهموا أن الزخم يُبنى في العادي وليس في غير العادي فإنهم سيرون هذه المرحلة بشكل مختلف. هم سيعترفون بأن التحول من الإثارة إلى الروتين ليس علامة على أن شيئاً خاطئاً. إنه علامة على أن شيئاً حقيقياً يحدث. هم ينتقلون من الخيال إلى الممارسة. هم ينتقلون من تخيل الحياة التي يريدونها إلى العيش فعلياً بالعادات التي تخلقها.

الزخم لا يُبنى في اللحظات التي تشعر فيها بالإلهام. إنه يُبنى في اللحظات التي لا تشعر فيها بالإلهام وأنت تتحرك على أي حال.

مشكلة الزخم غالباً ما تكون متنكرة كملل. الناس يبدأون شيئاً جديداً وفي البداية كل شيء يشعر بالجدة. كل

خطــوة تشــعر بأنهــا ذات معنــى. كــل فعــل يشــعر كأنــه اخــتراق. لكــن عنــدما يكــررون نفــس الأفعــال يــتلاشى الجديــد. الخطــوات تصــبح مألوفــة. العمــل يصــبح متوقعــاً. هــم يبــدأون في الرغبــة في شيء جديــد شيء أكــثر إثــارة شيء يعطيــهم الشــعور الــذي كــان لــديهم في البدايــة. هــم يخلطــون بــين فقدان الجــدة وبــين فقدان القيمة.

لكــن قيمــة العــادة ليســت في كيــف تشعر بالإثــارة. إنهــا في مــا تبنيه مع مرور الوقت.


موســيقي لا يصــبح مــاهراً بــالعزف فقــط عندما تشــعر الأغنيــة بأنهــا ملهمــة. هــم يصــبحون مــاهرين بالتــدريب عــلى المقــاييس والــتمارين والقطــع التــي قــد لا تشــعر بأنهــا مثــيرة في اللحظــة ولكنهــا تبنــي شــيئاً عميقــاً في أيــديهم وآذانهــم. ريــاضي لا يصــبح قويــاً بالتــدريب فقــط في الأيــام التــي يشــعر فيهــا بــالقوة. هــم يصــبحون أقويــاء بالحضــور في الأيــام التــي يشــعرون فيهــا بالتعــب أو التشــتت أو عــدم التحفيــز. كاتــب لا ينهــي كتابــاً بالكتابــة فقــط عنــدما تــأتي الكلــمات بســهولة. هــم ينهــون بالجلوس في الأيام التي تشعر فيها كل جملة كأنها عمل.

الـزخم هـو المكافـأة للبقـاء مـع شيء لفتـرة كافيـة حتـى يصبح جزءاً منك.

هنـاك طبقـة أخـرى لمشـكلة الـزخم طريقـة تعامـل النـاس مـع الانتصـارات الصغيرة. عنـدما يحـرز شـخص تقـدماً قلـيلاً فـإنهم غالبـاً مـا يرتـاحون بطريقـة تكسـر زخمهـم الخـاص دون قصـد. هـم يفقـدون بضـعة أرطـال ويحتفلـون بـالعودة إلى العـادات التـي جعلـتهم غـير سـعداء. هـم يدخرون بعـض المـال ثـم ينفقونـه بشـكل انـدفاعي لأنهـم يشـعرون بـأنهم يسـتحقونه." هـم يحـرزون تقـدماً في مشـروع ثـم يختفـون عنـه لأسـابيع لأنهـم يشـعرون بـأنهم كسـبوا اسـتراحة. المشكلة ليسـت في الاحتفـال. المشـكلة هـي الطريقـة التـي يصـبح بهـا الاحتفال عودة إلى الأنماط نفسها التي أبقتهم عالقين.

الـزخم يزدهـر عنـدما يُعـترف بالتقـدم ولكنـه لا يُعامـل كخـط النهاية.


هنـاك انضباط هـادئ في النـاس الـذين يحـافظون عـلى الـزخم. هـم يحتفلـون ولكـنهم لا يتخلـون. هـم يسـتريحون ولكـنهم لا يختفـون. هـم يعدلون ولكـنهم لا يستسـلمون. هـم يفهمـون أن الـزخم لـيس سـباقاً سريعـاً. إنـه لـيس انـدفاعاً دراماتيكيـاً مـن الجهـد يتبعـه انهيـار. إنـه إيقـاع ثابـت قابـل

للاستمرار يسمح لهم بالاستمرار في الحركة حتى عندما لا تتعاون الحياة.

الحياة لن تتعاون دائماً. سيكون هناك أسابيع عندما يشعر كل شيء بالتوافق وأسابيع عندما يشعر كل شيء بعدم التوافق. سيكون هناك أيام عندما يكون لديك طاقة وأيام عندما لا يكون لديك. سيكون هناك مواسم عندما يكون لديك المزيد من الوقت ومواسم عندما يكون لديك أقل. مشكلة الزخم لا تُحل بالانتظار لموسم عندما يكون كل شيء مثالياً. إنها تُحل بتعلم كيفية الحركة في المواسم غير المثالية.

واحدة من أقوى الأسئلة التي يمكنك أن تسألها لنفسك عندما يبدأ الزخم في التلاشي ليست "كيف أعود إلى حيث كنت؟" بل "ما هي النسخة الأصغر من هذا التي لا زلت أستطيع فعلها الآن؟" بدلاً من التخلي عن العادة لأنك لا تستطيع فعلها بكامل القوة فإنك تصغرها. أنت تكتب فقرة واحدة بدلاً من فصل. أنت تمشيـ لمدة عشرـ دقائق بدلاً

مــن ســاعة. أنــت تجـري مكالمــة واحـدة بـدلاً مـن عشـرـ. أنـت
.تفعل شيئاً بدلاً من لا شيء

.الزخم لا يتطلب كثافة. إنه يتطلب استمرارية

هنــاك قصــة يرويهــا النــاس لأنفســهم عنــدما يكسـرون
سلسـلة. هـم يقولـون "لقـد أفسـدته." هـم يقولـون "كنـت
أفعـل جيـداً جـداً والآن انتهـى." هـم يقولـون "يجـب أن أبـدأ
مـن جديـد تمامـاً." هـذه القصـة ثقيلـة. إنهـا تجعـل كـل مقاطعـة
تشـعر كارثيـة. إنهـا تجعـل كـل يـوم فائـت يشـعر كانهيـار. إنهـا
تجعــل كــل انتكاسـة تشـعر كعـودة إلى الصـفر. لكنـك أبـداً لا
تعـود إلى الصـفر. أنـت تعـود مـع كـل مـا تعلمتـه بالفعـل كـل مـا
.بنيته بالفعل كل ما اختبرته بالفعل

مشـكلة الـزخم ليسـت أن النـاس يسـقطون. إنهـا أنهـم يقـررون
.أن السقوط يعني أنه يجب أن يبقوا على الأرض

إذا نظــرت عـن كثـب إلى النـاس الـذين يبـدون وكأنهـم
يتحركــون بثبــات في حيـواتهم فلـن تجـد أناسـاً لم يفوتـوا يومـاً
أبـداً لم يرتكبـوا خطـأ أبـداً لم يفقـدوا التركيـز أبـداً. ستجد أناسـاً
قـد قصـروا المسـافة بـين السـقوط والوقـوف مـرة أخـرى. هـم لا
يزالــون يتعـثرون. هـم لا يزالـون يتشـتتون. هـم لا يزالـون
لـديهم أيـام سـيئة. لكنهـم لا يسـمحون لهـذه الأيـام بالامتداد

إلى أسابيع أو أشهر أو سنوات. هم تعلموا إعادة البدء بدون دراما.

الدراما هي واحدة من أكبر أعداء الزخم. عندما تصبح كل مقاطعة قصة عن قيمتك أو هويتك أو مستقبلك يصبح الأمر أصعب وأصعب للاستمرار. إذا كان تفويت يوم من العمل على حلمك يعني أنك "فاشل" فإن كل اضطراب صغير يصبح مكلفاً عاطفياً. لكن إذا كان تفويت يوم يعني ببساطة أنك فاتك يوم فإن الاستمرار يكون بسيطاً. أنت فقط تبدأ مرة أخرى.

الزخم ليس سمة شخصية. إنه علاقة مع المقاطعة.

هناك جانب خفي آخر لمشكلة الزخم طريقة تقسيم الناس لحيواتهم إلى "الحياة الحقيقية" و"الشيء الذي يريدون فعله." هم يعاملون وظيفتهم ومسؤولياتهم والتزاماتهم كالقصة الرئيسية وحلمهم كملاحظة جانبية. هم يقولون لأنفسهم إنهم سيعملون عليه "عندما يكون لديهم وقت" والذي يعني عادة عندما ينتهي كل شيء آخر. لكن كل شيء آخر لم ينته أبداً. هناك دائماً مهمة أخرى مطالبة أخرى تشتيت آخر. الحلم دائماً يُدفع إلى الحواف.

الزخم لا يمكن بناؤه على بقايا.

إذا كان شيء ما يهمك فإنه لا يمكن أن يعيش فقط في هوامش حياتك. إنه لا يحتاج إلى استهلاك جدولك الزمني بأكمله ولكنه يحتاج إلى مكان محمي فيه. وقت ليس قابلاً للتفاوض. مساحة ليست تُضحى بها باستمرار. الالتزام ليس دائماً أول شيء يذهب عندما تشعر بالتعب أو الإرهاق. بدون ذلك فإن الزخم سيكون دائماً هشاً دائماً تحت رحمة كل شيء آخر.

هذا لا يعني أنه يجب عليك إعادة ترتيب حياتك بأكملها في ليلة واحدة. إنه يعني أنه يجب عليك أن تقرر أن ما تبنيه ليس اختيارياً. إنه ليس هواية ستذهب إليها إذا استطعت. "إنه جزء من من تصبح. والناس يحمون ما هو جزء من من يصبحون.

مشكلة الزخم لا تُحل بالإرادة وحدها. إنها تُحل بالتصميم. بتصميم أيامك بطريقة تجعل من السهل الاستمرار في الحركة أكثر من التوقف. بتصميم بيئتك بطريقة تذكرك بما تبنيه. بتصميم التزاماتك بطريقة تكرم نفسك المستقبلية بقدر راحتك الحالية.

إذا كان شيء ما يهمك فإنه لا يمكن أن يعيش فقط في هوامش حياتك. إنه لا يحتاج إلى استهلاك جدولك الزمني بأكمله ولكنه يحتاج إلى مكان محمي فيه. وقت ليس قابلاً للتفاوض. مساحة ليست تُضحى بها باستمرار. التزام ليس دائماً أول شيء يذهب عندما تشعر بالتعب أو الإرهاق. بدون ذلك فإن الزخم سيكون دائماً هشاً دائماً تحت رحمة كل شيء آخر.

هذا لا يعني أنه يجب عليك إعادة ترتيب حياتك بأكملها في ليلة واحدة. إنه يعني أنه يجب عليك أن تقرر أن ما تبنيه ليس اختيارياً. إنه ليس هواية ستذهب إليها إذا استطعت." إنه جزء من من تصبح. والناس يحمون ما هو جزء من من يصبحون.

مشكلة الزخم لا تُحل بالإرادة وحدها. إنها تُحل بالتصميم. بتصميم أيامك بطريقة تجعل من السهل الاستمرار في الحركة أكثر من التوقف. بتصميم بيئتك بطريقة تذكرك بما تبنيه. بتصميم التزاماتك بطريقة تكرم نفسك المستقبلية بقدر راحتك الحالية.

سـيكون هنـاك دائمـاً أسـباب للتوقـف. بعضـها سـيكون صـالحاً. المـرض الأزمـة الحـزن التحـولات الكـبرى هـذه حقيقيـة وثقيلـة. سـيكون هنـاك مواسـم عنـدما تقـل قـدرتك عنـدما تكـون طاقتـك منخفضـة عنـدما يكـون تركيـزك مشـتتاً. الـزخم في تلـك المواسـم قـد يبـدو مختلفـاً. قـد يكـون أبطـأ. قـد يكـون أصغر. قد يكون أهدأ. لكنه لا يحتاج إلى الاختفاء.

أحيانـاً الـزخم ليـس عـن الحركـة السـريعة. إنـه عـن عـدم الحركـة إلى الخلف.


هنـاك قـوة هادئـة في قـرار أنـه حتـى في أصـعب مواسـمك سـتفعل شيئاً مهـما كـان صغيراً لتبقـى متصلاً بمـا يهمـك. قـد لا تسـتطيع الكتابـة لسـاعة ولكـن يمكنـك كتابـة جملـة. قـد لا تسـتطيع التدريـب بشـدة ولكـن يمكنـك التمـدد. قـد لا تسـتطيع البنـاء بقـوة ولكـن يمكنـك التفكيـر التخطيـط أو اتخـاذ فعـل صغير واحد. هـذه الأفعـال الصغيرة ليسـت رمزيـة. إنهـا هيكليـة. إنهـا تحافـظ عـلى الجسرـ بينـك وبـين مسـتقبلك من الانهيار.

مشـــكلة الـزخم ليســت أن الحيـاة تعـترض الطريـــق. إنها أن النـــاس يفترضــون أن الـزخم يمكـن أن يوجـــد فقـط في ظـــروف مثالية.

الـزخم لـيس رفاهيـة محجـوزة للنـاس الـذين لـديهم جـداول زمنيـة مثاليـة أو طاقـة غـير محـدودة أو حيـوات بسـيطة. إنـه نمـط متـاح لأي شـخص مسـتعد للحركـة بشـكل غـير مثـالي وبشـكل متسـق وبـدون تحويـل كـل مقاطعـة إلى قصـة عن قيمته.

قـد تنظـر إلى ماضـيك وتـرى تاريخـاً مـن السلاسـل المكسـورة والمشـاريع المهجـورة والمحـاولات غـير المنتهيـة. قـد تشـعر بثقـل ذلـك التـاريخ وتتسـاءل إذا كنـت قـادراً عـلى أي شيء مختلـف. لكـن الـزخم لا يُبنـى في المـاضي. إنـه يُبنـى في الحـاضر. إنـه يُبنـى في القـرار التـالي والخطـوة التاليـة واللحظـة التالية عندما تختار الحركة بدلاً من الانتظار لشعور.

أنـت لا تحتـاج إلى إصـلاح تاريخـك بأكملـه بـالزخم. أنت فقط تحتاج إلى تغيير علاقتك مع المقاطعة التالية.

سيكون هناك يوم قريباً عندما لا تشعر برغبة في فعل الشيء الذي تعرف أنه يهم. عندما يأتي ذلك اليوم سيكون لديك خيار. يمكنك أن تقول "هذه هي الجزء الذي أتوقف فيه عادة" وتتوقف مرة أخرى. أو يمكنك أن تقول "هذه هي الجزء الذي أتوقف فيه عادة وهذه المرة سأفعل النسخة الأصغر التي أستطيع بدلاً من ذلك." ذلك الخيار عند تكراره هو كيف يُبنى الزخم.

الزخم ليس سحراً. إنه النتيجة الطبيعية لرفض السماح للبدايات بأن تكون الشيء الوحيد الذي أنت جيد فيه.

# الفصل 6

## هندسة الانتصارات الصغيرة

هناك لحظة في كل سعي ذي معنى عندما يشعر الهدف بأنه بعيد جداً عن اللمس. يمكنك رؤيته في عقلك يمكنك تخيل النسخة من نفسك التي وصلت إليه بالفعل ولكن المسافة بين أين أنت وأين تريد أن تكون تشعر بأنها ساحقة. إنها في ذلك الفضاء بين الرغبة والمسافة حيث يفقد معظم الناس طريقهم. ليس لأنهم يفتقرون إلى الموهبة. ليس لأنهم يفتقرون إلى الذكاء. ليس لأنهم يفتقرون إلى الطموح. هم يفقدون طريقهم لأنهم يفهمون خطأ كيف يُبنى التقدم. هم يتخيلون التقدم كقفزة بينما في الواقع إنه سلسلة من الخطوات صغيرة جداً غالباً ما تشعر بأنها غير مرئية.

الانتصارات الصغيرة هي هندسة كل تحول. إنها الأفعال الهادئة المتسقة التي تتراكم إلى شيء أكبر من نفسها. إنها اللحظات عندما تختار الحركة على الركود حتى عندما

تشعر الحركة بأنها غير مهمة. إنها القرارات التي تبدو صغيرة جداً لتكون مهمة حتى تنظر إلى الوراء وتدرك أنها كانت الأساس لكل شيء بنيته.

معظم الناس يقللون من شأن قوة الانتصارات الصغيرة لأنهم مشروطون بالبحث عن تغيير دراماتيكي. هم يريدون اختراقات وليس زيادات تدريجية. هم يريدون تحولاً وليس انتقالاً. هم يريدون اللحظة التي يتغير فيها كل شيء دفعة واحدة وليس التراكم البطيء للجهد الذي يؤدي إلى ذلك التحول. لكن الاختراقات نادراً ما تكون عفوية. إنها النتيجة المرئية للثبات غير المرئي. إنها النقرة النهائية في سلسلة طويلة من الأفعال الصغيرة المتعمدة.

هناك سبب يشعر به الناس بالإحباط عندما يبدأون شيئاً جديداً. هم يتخيلون النتيجة النهائية بـ**بشكل** **حي** جداً بحيث تشعر الخطوات الأولى بأنها غير كافية. شخص يريد أن يصبح في شكل يتخيل النسخة الأقوى من نفسه ويشعر بالإحباط عندما يكاد يستطيع إكمال تمرين

قصـير. شخـص يريـد كتابـة كتـاب يتخيـل المخطوطـة المنتهيـة ويشـعر بالهزيمـة عنـدما يصـارع لكتابـة صفحة واحـدة. شخص يريـد بنـاء عمـل يتخيـل الشركـة المزدهـرة ويشـعر بالإرهـاق عنـدما لا يـزال يحـاول فهـم الأساسـيات. الفجـوة بـين الرؤيـة والخطـوة الأولى تشـعر بأنهـا واسـعة جـداً وهـم يخلطـون بـين ذلك عدم الراحة وبين علامة على أنهم غير قادرين.

لكـن عـدم الراحـة ليـس علامـة عـلى عـدم القـدرة. إنـه علامـة على أنك في البداية.

الانتصـارات الصـغيرة هـي الجسر ـ بـين البدايـة والمسـتقبل. إنهـا الـدليل عـلى أنـك تتحـرك حتـى عنـدما تشـعر الحركـة بأنهـا بطيئـة. إنهـا البرهـان عـلى أنـك قـادر حتـى عنـدما تكـون النتـائج غـير مرئيـة بعـد. إنهـا مضـاد الإرهـاق لأنهـا تكسر ـ المسـتحيل إلى الممكن.


هنـاك تحـول نفسي ـ يحـدث عنـدما تـتراكم الانتصارات الصغيرة. كـل واحـدة منهـا تصـبح تصـويتاً للشـخص الـذي تصـبح. كـل واحـدة منهـا تقـوي اعتقـادك بأنـك تسـتطيع الاسـتمرار. كـل واحـدة منهـا تقلـل الـوزن العـاطفي للخطـوة التاليـة. الانتصـارات الصغيرة تخلـق حلقـة ردود فعـل الفعـل يخلـق الثقـة الثقـة تخلـق المزيـد مـن الفعـل والـدورة تسـتمر.

هـذه هـي الطريقـة التـي يُبنـى بهـا الـزخم لـيس مـن خلال الكثافة ولكن من خلال الثبات.

اعتـبر شخصـاً يريـد تعلـم لغـة جديـدة. إذا حـاولوا إتقـان كـل شيء دفعـة واحـدة فسـوف يشـعرون بالضيـاع بسرعـة. النحـو سـيبدو مربكـاً. المفـردات ستشـعر بأنهـا لا تنتهـي. النطـق سـيبدو غريبـاً. لكـن إذا التزمـوا بـتعلم بضـع كلمـات كـل يـوم فـإن شـيئاً خفيـاً يبـدأ في الحـدوث. اللغـة تصبـح أقـل تخويفـاً. الأمـاط تصبـح أكـثر ألفـة. الأصـوات تصبـح أقـل غرابـة. الانتصـارات الصـغيرة تـتراكم ومـا كـان يشـعر بأنـه مسـتحيل يصبح قابلاً للإدارة.

نفـس المبـدأ ينطبـق عـلى كـل مجـال مـن مجـالات الحيـاة. شخص يريـد تـوفير المـال ولكنـه يشـعر بالإرهـاق مـن وضعـه المـالي يمكنـه أن يبـدأ بتـوفير مبلـغ صغـير بشـكل متسـق. شـخص يريـد إصلاح علاقـة يمكنـه أن يبـدأ بمحادثـة صـادقة واحـدة. شـخص يريـد تحسـين صحتـه النفسية يمكنـه أن يبـدأ بعمل صغير واحـد مـن العنايـة بالنفس كـل يـوم. شخص يريـد بنـاء مهـارة يمكنـه أن يبـدأ ببضـع دقـائق مـن الممارسـة. هـذه

الأفعـــال قـــد لا تشـــعر بأنهـــا تحوليـــة في اللحظـــة ولكنهـــا بـــذور
التحول.

الانتصـــارات الصـــغيرة تحميـــك أيضـــاً مـــن التقلـــب
العاطفي الـذي يـأتي مـع الأهـداف الكبـيرة. عنـدما تعتمـد عـلى
تقـدم دراماتيكي لتشعر بالنجاح فإنك تصبح عرضـة للإحبـاط.
إذا لم تكـــن النتائـــج فوريـــة فإنـــك تشـــعر بأنـــك تفشـــل. إذا كـان
التقـــدم بطيئـــاً فإنـــك تشـــعر بأنـــك عـــالق. لكـــن عنـــدما تقيس
النجـــاح بالانتصـــارات الصـــغيرة فإنـــك تخلـــق مصـــدراً ثابتـــاً
للتشـــجيع. أنـــت تعطـــي نفســـك أســـباباً للاســـتمرار حتـــى عنـــدما
يشعر الهدف الأكبر بأنه بعيد.

هنـــاك ثقـــة هادئـــة تنمـــو في النـــاس الـــذين يتعلمـــون
تقيـــيم الانتصارات الصـــغيرة. هـــم لم يعـــودوا بحاجـــة إلى التحقـــق
الخـــارجي ليشـــعروا بـــأنهم يتقـــدمون. هـــم لم يعـــودوا بحاجـــة إلى
نتـــائج دراماتيكيـــة ليشـــعروا بـــأنهم قـــادرون. هـــم لم يعـــودوا
بحاجـــة إلى ظـــروف مثاليـــة لاتخـــاذ الفعـــل. هـــم يفهمـــون أن
التقـــدم لا يُقـــاس بمـــدى بعيـــد يتحركـــون في يـــوم واحـــد ولكـــن
بمدى اتساقهم في الحركة على مدى أيام كثيرة.

الانتصارات الصغيرة تكشف أيضاً شيئاً مهماً عن سلوك البشرـ الناس لا يتغيرون من خلال الإرادة وحدها. هم يتغيرون من خلال إدراك الذات. عندما تتراكم الانتصارات الصغيرة فإنك تبدأ في رؤية نفسك بشكل مختلف. أنت تبدأ في رؤية نفسك كشخص يتابع حتى النهاية. شخص يحضرـ. شخص يتحرك حتى عندما يكون غير مناسب. شخص يكرم التزاماته. شخص قادر على النمو. هذا التحول في إدراك الذات أقوى من أي اندفاع من التحفيز.

كثير من الناس يقتربون من العادات الجديدة بالطريقة التي يقترب بها المبتدئون من الجري هم يشعرون بالترهيب من فكرة المسافات الطويلة لذا يبدأون بالفعل الأصغر الممكن. شخص واحد التزم بلا شيء أكثر من ارتداء حذاء الجري والخروج إلى الخارج كل يوم. بعض الأيام ركضوا. بعض الأيام مشوا. بعض الأيام وقفوا ببساطة خارجاً للحظة قبل العودة إلى الداخل. لكنهم لم يكسروا سلسلة الانتصارات الصغيرة أبداً. مع مرور الوقت أصبح الخروج إلى الخارج عادة. أصبحت العادة روتيناً. أصبح الروتين أسلوب حياة. أصبحوا عداءً ليس من خلال الكثافة ولكن من خلال تكريم النسخة الأصغر من الفعل حتى نمت. الانتصارات

الصغيرة ليست عن خفض معاييرك. إنها عن بناء أساس قوي بما يكفي لدعم معاييرك.

هناك سوء فهم بأن الانتصارات الصغيرة هي فقط للمبتدئين بأنه بمجرد أن تصل إلى مستوى معين من المهارة أو النجاح فإنك لم تعد بحاجة إليها. لكن العكس هو الصحيح. أكثر الناس إنجازاً في أي مجال يعتمدون على الانتصارات الصغيرة أكثر من أي شخص آخر. موسيقي عالمي المستوى لا يزال يمارس المقاييس. رائد أعمال ناجح لا يزال يراجع أساسيات عمله. رياضي مخضرم لا يزال يتدرب على الأساسيات. كاتب محترم لا يزال يكتب في الأيام التي تأتي فيها الكلمات ببطء. الإتقان ليس غياب الانتصارات الصغيرة. إنه تراكمها.

الانتصارات الصغيرة تحميك أيضاً من الكمالية التي غالباً ما تخرب التقدم. عندما تؤمن بأن كل فعل يجب أن يكون خالياً من العيوب فإنك تصبح مشلولاً. أنت تتردد. أنت تؤجل. أنت تتجنب. لكن عندما تركز على الانتصارات الصغيرة فإنك تعطي نفسك الإذن بأن تكون غير مثالي. أنت تعطي نفسك الإذن بالتعلم. أنت تعطي نفسك الإذن بالنمو. أنت تعطي نفسك الإذن بأن تكون إنساناً.

هنــاك لحظـة في كـل رحلـة عنـدما تبـدأ الانتصارات الصـغيرة في التـراكم. في البدايـة التقـدم خفـي. قد لا تلاحظـه. قـد تشـك فيـه حتـى. لكـن بعـد ذلـك يحـدث تحـول مـا. أنـت تـدرك أن الشيء الـذي كـان يشـعر بأنـه صعب الآن يشـعر بأنـه طبيعـي. أنــت تـدرك أن العـادة التـي كانـت تشـعر بأنهـا مفروضـة الآن تشـعر بأنهـا تلقائيـة. أنت تـدرك أن الهويـة التـي كانـت تشـعر بأنهـا طموحـة الآن تشـعر بأنهـا أصيلة. هـذه هـي قوة التراكم. الانتصارات الصغيرة لا تبقى صغيرة. إنها تنمو.

هندسـة الانتصارات الصغيرة ليسـت جذابـة. إنهـا ليسـت دراماتيكيـة. إنها ليسـت النـوع مـن القصـة التـي تصـنع عنـاوين الأخبـار. لكنهـا النـوع مـن القصـة التـي تبنـي حيـوات. إنهـا النـوع مـن القصـة التـي تحـول الإمكانيـة إلى واقـع. إنها النوع من القصة التي تحول الناس بهدوء وبثبات وبعمق.

قـد لا تكـون قـادراً علـى السـيطرة علـى حجـم تقـدمك كـل يـوم ولكـن يمكنـك السـيطرة علـى وجـوده. يمكنـك أن تختـار اتخـاذ خطـوة مهـما كانـت صغيرة. يمكنـك أن تختـار تكـريم

العمليـــة مهــما كانـــت بطيئــة. يمكنـــك أن تختـــار بنـــاء شيء حقيقي انتصار صغير واحد في كل مرة.

وعنـــدما تنظـــر إلى الـــوراء فإنـــك ســـتدرك أن الانتصـــارات الصـــغيرة لم تكـــن صـــغيرة أبـــداً. إنهـــا كانـــت الهيكـــل الـــذي يمسـك كـــل شيء معـــاً. إنهـــا كانـــت الـدليل عـــلى أنـــك كنـت قـادراً. إنهـا كانـــت الســـبب الـــذي جعلـــك تســـتمر في التقـــدم. إنهـا كانـت الأساس للحياة التي كنت تبنيها.

الانتصارات الصغيرة ليست الطريق إلى التحول. إنها التحول.

# الفصل 7

## جاذبية الثبات

هناك نقطة تحول في كل رحلة حيث لم يعد السؤال ما إذا كنت تستطيع البدء أو ما إذا كنت تستطيع بناء الزخم أو ما إذا كنت تستطيع التغلب على الخوف. يصبح السؤال ما إذا كنت تستطيع البقاء. ما إذا كنت تستطيع البقاء في حالة حركة لفترة كافية حتى يشكلك العمل. ما إذا كنت تستطيع الاستمرار في الحضور بعد أن يتلاشى الإثارة بعد أن يذوب الجديد بعد أن يتباطأ التقدم المبكر بعد أن يستقر الارتفاع العاطفي للبداية في الإيقاع الهادئ للاستمرار. هذا هو المكان الذي ينجرف فيه معظم الناس. ليس لأنهم يفتقرون إلى الرغبة ولكن لأنهم يقللون من شأن جاذبية الثبات.

الثبات ليس جذاباً. إنه لا يعلن عن نفسه. إنه لا يخلق لحظات دراماتيكية. إنه لا يعطيك اندفاع الاختراق أو إثارة بداية جديدة. الثبات هادئ. إنه متكرر. إنه ثابت. إنه الجزء من الرحلة الذي لا يصفق له أحد لأن أحداً لا يراه. لكن الثبات هو القوة التي تحول الانتصارات الصغيرة إلى

72

تغيـــير دائـــم. إنــه القـــوة التـــي تحـــول الجهـــد إلى نمـــط مـــن السلوك. إنه القوة التي تجعل التقدم حتمياً.

الناس غالبـاً مـا يتخيلـون الثبـات كسـمة شيء إمـا لـديك أو لـيس لـديك. هـم ينظـرون إلى شـخص يحضـر كـل يـوم ويفترضـون أن ذلـك الشـخص يجـب أن يمتلـك نوعـاً خاصـاً مـن الانضـباط نوعـاً نـادراً مـن الإرادة مـيلاً طبيعيـاً نحـو الـروتين. لكـن الثبـات لـيس سـمة. إنـه علاقـة. إنـه العلاقـة التـي تبنيهـا مـع نفسـك المسـتقبلية. إنـه الاتفـاق الـذي تعقـده مـع الشـخص الـذي تصبـح. إنـه الوعـد الهـادئ بأنـك لـن تـتخلى عـن نفسـك في منتصف قصتك الخاصة.

جاذبيـة الثبـات هـي الجـذب الـذي يتشكل عندما تبـدأ أفعالـك في التوافـق مـع طموحاتـك. في البدايـة يكـون الجـذب ضـعيفاً. يجـب عليـك أن تـدفع نفسك. يجـب عليـك أن تـذكر نفسـك. يجـب عليـك أن تتفاوض مـع نفسـك. يجـب عليـك أن تقـاوم الرغبـة في الانجـراف مـرة أخـرى إلى الأنمـاط القديمـة. لكـن عنـدما تكـرر الفعـل فـإن شـيئاً مـا يتحـول. يصبـح الجـذب أقـوى. يصبـح المقاومـة أضـعف. يصبـح السـلوك أسـهل في البـدء

وأصـعب في الـتخلي عنـه. هـذه هـي اللحظـة الـتي يتوقـف فيهـا الثبات عن الشعور كجهد ويبدأ في الشعور كجاذبية.

هنـاك سـوء فهـم بـأن الثبـات يعنـي فعـل الشيـء نفسـه كـل يـوم بـنفس الكثافـة. لكـن الثبـات لـيس كثافـة. الثبـات هـو الحضـور. إنـه القـرار بـالعودة مـرة بعـد مـرة حتـى عندمـا تكـون العـودة غـير مثاليـة. إنـه الاسـتعداد للحضـور بـأي قـدرة تسـتطيع حتـى عندمـا تكـون تلـك القـدرة صغيرة. إنـه الفهـم بـأن قيمـة اليـوم لا تُقـاس بمقـدار مـا تنجـزه ولكـن بمـا إذا كنـت بقيت متصلاً بالطريق الذي أنت عليه.

اعتـبر شخصـاً يريـد أن يصبـح كاتبـاً. هـم يتخيلـون أنفسـهم ينتجـون صفـحات مـن العمـل الرائـع كـل يـوم يصبون الأفكـار بسـهولة. لكـن معظـم الأيـام ليسـت كـذلك. معظـم الأيـام عاديـة. بعـض الأيـام تـأتي الكلـمات بـبطء. بعـض الأيـام تشـعر بعـض الأيـام تشـعر الأفكـار بأنها **أخـرق** تشـعر الجمـل بأنهـا أخـرق. بعـض الأيـام تشعر الأفكار بأنها باهتة. لكـن الكاتـب الـذي يبقـى متسـقاً يفهـم أن جـودة يـوم واحـد لا تحـدد جـودة الرحلة. هـم يكتبـون عـلى أي حـال. هـم يحضـرون عـلى أي حـال. هـم يحافظون عـلى الخـيط غـير

مكسـور. ومـع مـرور الوقـت تـتراكم الصـفحات. تتحـدد الأفكـار. يقـوى الصـوت. يتعمـق العمـل. لـيس بسـبب الإلهـام ولكـن بسبب الثبات.

نفـس الشيـء صـحيح بالنسـبة لشـخص يريـد تحسـين صـحته. هـم يتخيلـون أنفسـهم مليئـين بالطاقـة متحفـزين منضـبطين. لكـن الحيـاة الحقيقيـة ليسـت شريـط تمييـز. هنـاك أيـام عنـدما يشـعرون بالتعب أيـام عنـدما يشـعرون بـالتوتر أيـام عنـدما يشـعرون بعـدم التحفيـز. الشـخص الـذي يـنجح لـيس الـذي يشـعر بـالتحفيز كـل يـوم. إنـه الـذي يتحـرك حتـى عنـدما لا يشـعر بـذلك. إنـه الـذي يأخـذ نزهـة بـدلاً مـن تخطـي اليـوم بالكامـل. إنـه الـذي يختـار خطـوة صغيرة بـدلاً مـن عـدم وجـود خطـوة. إنـه الـذي يـرفض السـماح ليـوم صعب واحـد بـأن يصبح شهراً صعباً.

الثبات ليس عن الكمال. إنه عن العودة.

هنـاك حقيقـة هادئـة يغفـل عنهـا النـاس غالبـاً عـدم الثبـات لـيس ناتجـاً عـن نقـص القـدرة. إنـه نـاتج عـن الاحتكـاك العـاطفي. إنـه نـاتج عـن القصـص التـي يرويهـا النـاس لأنفسـهم

عندما يقصرون. شخص يفوت يوماً ويشعر فوراً بالذنب. هم يفوتون يومين ويشعرون بالخزي. هم يفوتون ثلاثة أيام ويشعرون بأنهم قد فشلوا. يصبح الوزن العاطفي أثقل من الفعل نفسه. هم يتوقفون ليس لأن الفعل صعب ولكن لأن القصة التي يربطونها بالمقاطعة تصبح لا تُحتمل.

لكن الثبات يصبح أسهل عندما تزيل الدراما من العملية. عندما تتوقف عن معاملة كل يوم فائت كأزمة. عندما تتوقف عن تفسير كل مقاطعة كعلامة على أنك غير قادر. عندما تتوقف عن توقع أن تكون خالياً من العيوب. عندما تبدأ في رؤية الثبات كمحادثة طويلة بدلاً من أداء واحد.

هناك سبب يبدو به الناس الذين يبقون متسقين غالباً أهدأ من أولئك الذين يعتمدون على اندفاعات من التحفيز. هم ليسوا يتفاوضون مع أنفسهم باستمرار. هم ليسوا يعيدون البدء باستمرار. هم ليسوا يعيدون بناء الطاقة العاطفية المطلوبة لبدء مرة أخرى باستمرار. هم قد خلقوا إيقاعاً يحملهم. هم قد خلقوا نمطاً يدعمهم. هم قد

خلقـوا علاقــة مـع عملهـم تشـعر بأنهـا مسـتقرة بـدلاً مـن متقلبة.

الثبـات يكشـف أيضـاً شيئاً مهمـاً عـن طبيعـة البشـر ـ الناس لا يرتفعـون إلى مسـتوى أهـدافهم. هـم يسـقطون إلى مسـتوى أنظمـتهم. شـخص يمكنـه أن يكـون لديـه أكـثر رؤيـة ملهمـة في العالم ولكـن إذا لم يكـن حياتـه اليوميـة منظمـة لـدعم تلـك الرؤيـة فـإن الرؤيـة سـتبقى خيـالاً. الثبـات هـو الجسرـ بـين الرؤيـة والواقـع. إنـه الآليـة التـي مـن خلالها تصبح الأحلام عادات وتصبح العادات نتائج.

هنـاك لحظـة في كـل سـعي طويـل الأمـد عندما يصبـح الثبـات هويـة. عندما يصـبح الشـخص الـذي قـال ذات مـرة "أريـد أن أكـون شخصـاً يمـارس التمـرين" شخصـاً يمـارس التمـرين. عنـدما يصبـح الشـخص الـذي قـال ذات مـرة "أريـد أن أكـون شخصـاً يكتـب" شخصـاً يكتـب. عنـدما يصبـح الشخص الـذي قـال ذات مـرة "أريـد أن أكـون شخصـاً يبنـي" شخصـاً يبنـي. هـذا التحـول لا يحـدث فجـأة. إنـه يحـدث بهـدوء مـن

خـلال التكـرار. إنـه يحـدث عنـدما يصـبح الفعل جزءاً مـن كيف ترى نفسك.

نمـط من السـلوك مبنـي مـن خـلال الثبـات أقـوى مـن نمـط مـن السـلوك مبنـي مـن خـلال النيـة. النية يمكـن أن تـتلاشى. النيـة يمكـن أن تُقـاطع. النيـة يمكـن أن تُنسى. لكـن نمـط مـن السـلوك يعـزز نفسـه. عنـدما تـرى نفسـك كشخص يحضرـ فإنـك تحضرـ. عنـدما تـرى نفسـك كشخص يتابع حتـى النهايـة فإنـك تتـابع حتـى النهايـة. عنـدما تـرى نفسـك كشخص يكـرم التزاماتـه فإنـك تكـرمهم. الثبـات يخلـق نمطـاً مـن السـلوك ونمـط من السلوك يدعم الثبات.

هنـاك قـوة هادئـة في الشـخص الـذي يقـرر أنـه لـن يـتخلى عـن نفسـه. أنـه لـن يختفـي مـن حياتـه الخاصة. أنـه لـن يسـمح للتقلبـات الحتميـة للعاطفـة بـأن تملـي اتجاهـه. أنـه لـن يسـمح لضجيج العالم بـأن يغـرق الالتزامـات التي عقـدها مـع نفسـه. أنـه لـن يسـمح لعـدم الراحـة المؤقت ليـوم واحـد بـأن يمحو الرؤية طويلة الأمد التي يبنيها

الثبــات لــيس صــارماً. إنــه مــرن. إنــه ينشــي بــدون أن ينكسر... إنــه يتكيــف بــدون أن ينهـار. إنــه يعـدل بــدون أن يــتخلى. إنــه يسـمح بالراحـة بـدون أن يفقد الخـيط. إنه يسـمح بعـدم الكـمال بــدون أن يفقـد الطريـق. إنـه يسـمح بالإنسانية بدون أن يفقد الاتجاه.

سـيكون هنـاك أيـام عنـدما تشعر بـالقوة وأيـام عنـدما تشـعر بالهشاشـة. أيـام عنـدما تشـعر بالإلهـام وأيـام عنـدما تشـعر بـالفراغ. أيـام عنـدما تشعر بالوضـوح وأيـام عندما تشـعر بالضـياع. الثبـات لا يتطلـب منـك أن تشعر بالشيــء نفســه كـل يوم. إنه يتطلب منك أن تعود بغض النظر عن كيف تشعر.

جاذبيـة الثبـات هـي القـوة التـي تبقيـك مثبتـاً إلى مسـتقبلك. إنهـا القـوة التـي تبقيـك مـن الانجـراف مـرة أخـرى إلى الأنمـاط التـي كانـت تمسـكك ذات مـرة. إنهـا القـوة التـي تحـول الجهـد إلى تطـور. إنها القـوة التـي تجعـل الحيـاة التـي تريدها ليست ممكنة فقط بل حتمية.

أنت لا تحتاج إلى أن تكون مثالياً لتكون متسقاً. أنت فقط تحتاج إلى أن تكون راغباً في العودة.

# الفصل 8

## الحد الأدنى الذي يحركك

هناك نقطة في كل رحلة حيث يتحول السؤال بهدوء من "ما هو ممكن بالنسبة لي؟" إلى "ما الذي يمكنني الحفاظ عليه فعلياً؟" في البداية من السهل أن تحلم في أقصى الحدود. أنت تتخيل نفسك تستيقظ مبكراً كل يوم تعمل لساعات على حرفك تحول جسمك وعملك وعلاقاتك بتغييرات شاملة. أنت تتخيل النسخة المثالية من جهدك منضبط مركز غير متقطع. لكن الحياة لا تُبنى في ظروف مثالية. الحياة تُبنى في أيام عادية مع قيود حقيقية وتعب حقيقي ومقاطعات حقيقية وعواطف حقيقية. وإذا كان تقدمك يعتمد على ظروف مثالية فإن تقدمك سيكون دائماً هشاً.

الناس الذين يبنون حيوات تدوم أولئك الذين يتراكم تقدمهم بهدوء عاماً بعد عام ليسوا أولئك الذين يفعلون الأكثر في أيامهم الأفضل. إنهم أولئك الذين حددوا أقل ما سيفعلونه لا يزالون في أيامهم الأسوأ. هم اكتشفوا شيئاً

معظـم النـاس لا يأخــذون الوقـت أبـداً لتحديـده الحـد الأدنى الذي يحركهم.

الحــد الأدنى الــذي يحركـك لـيس عـن خفـض معاييرك. إنـه عـن حمايـة اتجاهـك. إنـه الفعـل الأصغر الـذي لا يـزال يبقيـك متصـلاً بمـا تبنيـه. إنـه الخـط الـذي تحتهـا لا تسـمح لنفسـك بالسـقوط لـيس بسـبب الـذنب أو الضـغط ولكـن لأنـك تفهـم كيـف يعمـل الـزخم. أنـت تفهـم أن أصـعب جـزء مـن أي جهـد ذي معنـى لـيس العمـل نفسـه ولكـن فعـل البقـاء في حالـة حركـة. وأنـت تفهـم أن البقـاء في حالـة حركـة لا يتطلـب دائمـاً جهـداً كبيـراً. أحيانـاً يتطلـب فقـط فعـلاً صغـيراً متعمـداً يحـافظ على الخيط غير مكسور.

معظـم النـاس لا يحـددون هـذا الحـد الأدنى أبـداً. هـم يفكـرون بمصـطلحات كـل شيء أو لا شيء. إمـا أنهـم يـذهبون إلى الجـيم لسـاعة أو لا يفعلـون شـيئاً. إمـا أنهـم يكتبـون لسـاعتين أو لا يكتبـون عـلى الإطـلاق. إمـا أنهـم يعملـون عـلى عملهـم لعصرـ كامـل أو يدفعونـه إلى يـوم آخـر. معيارهم لـيس شيء يحركنـي." معيـارهم هـو "كـل شيء أتمنـى أن أسـتطيع"

فعلــه." وبسـبب أن الحيـاة نـادراً مـا تعطـيهم المسـاحة لفعل كل شيء فإنهم ينتهون بفعل لا شيء.

الحـد الأدنـى الـذي يحركـك هـو مضـاد للتفكير بكـل شيء أو لا شيء. إنـه يعطيـك طريقـة للبقـاء في اللعبـة حتـى عندما لا يسـير اليـوم كـما تريـد. إنه يعطيـك طريقـة لتكـريم التزاماتـك حتـى عنـدما تكـون طاقتـك منخفضـة. إنه يعطيـك طريقـة لحمايـة زخمـك حتـى عنـدما تكـون ظروفـك ليست مثاليـة. إنه يعطيـك طريقـة لتقـول "أنـا لا زلـت النـوع مـن الشخص الـذي يحضر." حتى عندما يبدو الحضور أصغر مما تخيلت.

هنـاك قـوة هادئـة في شـخص يعرف حـده الأدنى. هـم لا يصـابون بالـذعر عنـدما يتغير جـدولهم. هـم لا ينهـارون عندما تـنخفض تحفيـزهم. هـم لا يتخلـون عـن طريقهم عندما تصبح الحيـاة فوضـوية. هـم ببسـاطة ينتقلـون إلى حـدهم الأدنى ويسـتمرون في الحركـة. هـم يفهمـون أن خطـوة صغيرة ليست جائزة تعزية. إنها خيار استراتيجي.

تخيـل شخصاً التـزم بكتابـة كتـاب. في أيامـه الأفضـل قـد يكتبـون لسـاعة أو أكـثر. قـد تتـدفق الكلـمات. قـد تتصـل

الأفكار. قد يشعر العمل بأنه حي. لكن لن تكون كل يوم كذلك. سيكون هناك أيام عندما يكونون متعبين مشتتين أو مستنزفين عاطفياً. أيام عندما يشعر فكرة الكتابة لساعة بأنها مستحيلة. إذا كان معيارهم الوحيد هو "ساعة أو لا شيء" فإنهم سيختارون لا شيء أكثر مما يدركون. لكن إذا حددوا حدهم الأدنى ربما فقرة واحدة أو حتى جملة واحدة فإنهم لديهم طريقة للبقاء متصلين بالعمل. يمكنهم الجلوس كتابة تلك الجملة وإغلاق الدفتر. قد لا يشعر بأنه مثير للإعجاب. قد لا يشعر كتقدم. لكنه كذلك. لأن اليوم التالي عندما يعودون فإنهم ليسوا يعودون من لا شيء. إنهم يعودون من شيء.

الحد الأدنى الذي يحركك ليس عن حجم الفعل. إنه عن استمرارية العلاقة.


اعتبر شخصاً يريد تحسين صحته. قد يكون لديهم خطة تشمل تمارين منظمة وتحضير وجبات وروتينات نوم. في بعض الأيام سيتبعون تلك الخطة عن كثب. في أيام أخرى ستتدخل الحياة. نوبة عمل طويلة. طفل مريض. أزمة غير متوقعة. إذا كان معيارهم هو الكمال فإنهم سيشعرون بأنهم قد فشلوا. سيقولون لأنفسهم "سأبدأ مرة أخرى

الأسبوع القادم" أو "لقد أفسدته بالفعل." لكن إذا حددوا حدهم الأدنى ربما نزهة قصيرة كأس من الماء بضع دقائق من التمدد فإنهم لا يزالون يستطيعون فعل شيء يتوافق مع نيتهم. لا يزالون يستطيعون إلقاء تصويت للشخص الذي يصبحون.

الحد الأدنى الذي يحركك ليس خطة احتياطية. إنه جزء من هندسة جهدك.

هناك تحول نفسي ـ يحدث عندما تبدأ في التفكير بهذه الطريقة. أنت تتوقف عن السؤال "كم يمكنني أن أفعل اليوم؟" وتبدأ في السؤال "ما هو أصغر شيء لا زلت أستطيع فعله يبقيني متحركاً؟" هذا السؤال لا يجعلك كسولاً. إنه يجعلك صادقاً. إنه يجبرك على مواجهة واقع يومك والعثور على طريقة للحركة داخله بدلاً من الانتظار ليوم مختلف. إنه يجبرك على رؤية التقدم ليس كأداء ولكن كنمط.

الحد الأدنى الذي يحركك يحميك أيضاً من الانهيار العاطفي الذي غالباً ما يتبع الأيام الفائتة. عندما لا يكون لديك حد أدنى محدد فإن كل مقاطعة تشعر كانهيار. أنت

تفـوت يومـاً واحـداً وتشـعر بالـذنب. أنـت تفـوت يومين وتشـعر بـالخزي. أنـت تفـوت ثلاثـة وتبـدأ في التسـاؤل عـن شخصـيتك. يصبح الـوزن العـاطفي أثقل مـن الفعـل نفسـه. لكـن عندما يكـون لـديك حـد أدنى فـإن لـديك طريقـة لمقاطعـة ذلـك الدوامـة. يمكنـك أن تقـول "اليـوم لـيس يومـاً كـاملاً. اليـوم هـو يـوم حـد أدنى." وبـدلاً مـن الاختفـاء أنـت تفعـل الشيء الصـغير. أنت تحافظ على الخيط سليماً.


هنـاك فـرق بـين خفـض معـاييرك وتعـديل توقعاتـك. خفـض معـاييرك يعنـي قبـول أقـل مـن نفسـك علـى المـدى الطويـل. تعـديل توقعاتـك يعنـي الاعتراف بـأن لـيس كـل يـوم سيسـمح بـنفس مسـتوى الإنتاج وتصـميم نهجـك وفقـاً لـذلك. الحـد الأدنى الـذي يحركـك لـيس تنـازلاً عـن معـاييرك. إنـه اعتراف بإنسانيتك.

أنـت لسـت آلـة. طاقتـك سـتتقلب. تركيـزك سـيتقلب. ظروفـك سـتتقلب. الثبـات لا يعنـي أنـك تتجاهـل هـذه التقلبـات. إنـه يعنـي أنـك تـتعلم الحركـة داخلهـم. الحـد الأدنى الـذي يحركـك هو كيف تفعل ذلك.

هناك فائدة أخرى لتحديد حدك الأدنى إنه يقلل الاحتكاك للبدء. واحدة من أكبر العوائق أمام الفعل هي حجم المهمة في عقلك. إذا كنت تؤمن بأنك يجب أن تفعل شيئاً كبيراً فإنك ستؤجل. أنت ستنتظر المزيد من الوقت المزيد من الطاقة المزيد من الوضوح. لكن إذا كنت تعرف أن حدك الأدنى صغير فإن البدء يصبح أسهل. أنت لا تحتاج إلى التفاوض مع نفسك لساعة. أنت فقط تحتاج إلى التفاوض لبضع دقائق. أنت لا تحتاج إلى الشعور بالاستعداد لجهد كبير. أنت فقط تحتاج إلى الشعور بالرغبة في اتخاذ خطوة صغيرة.

مع مرور الوقت يحدث شيء مثير للاهتمام. في أيام كثيرة ستبدأ بالحد الأدنى وتنتهي بفعل المزيد. أنت ستجلس لتكتب جملة واحدة وتجد نفسك تكتب فقرة. أنت ستخرج لنزهة قصيرة وتجد نفسك تمشي لفترة أطول. أنت ستفتح عملك لبضع دقائق وتجد نفسك تبقى معه. الحد الأدنى يصبح باباً. إنه يجعلك تمر بالجزء الأصعب الانتقال من عدم الفعل إلى الفعل.

لكـن حتـى في الأيـام التـي تفعل فيهـا الحـد الأدنى فقـط فإنـك لا تـزال تبنـي شـيئاً. أنـت تبنـي الثقـة مـع نفسـك. أنـت تبنـي نمـط العـودة. أنـت تبنـي حيـاة لا تـتخلى فيهـا عـما يهمـك فقـط لأن اليوم ليس مثالياً.

الحـد الأدنى الـذي يحركـك سـيبدو مختلفـاً في مواسـم مختلفـة. سـيكون هنـاك أوقـات في حياتـك عنـدما يكـون لـديك قـدرة أكـبر طاقـة أكـبر مسـاحة أكـبر. في تلـك المواسـم قـد يكـون حـدك الأدنى أكـبر. سـيكون هنـاك أوقـات أخـرى عنـدما تكـون ممـدوداً إلى أقصى ــ حـد عنـدما تكـون تحمـل أكـثر مـما هـو معتـاد عنـدما تكـون احتياطياتـك العاطفيـة أو الجسـدية منخفضـة. في تلـك المواسـم قـد يـتقلص حـدك الأدنى. هذا ليـس فشلاً. هذا تكيف.

المفتـاح ليـس التمسـك بنسـخة ثابتـة مـن حـدك الأدنى ولكـن البقـاء ملتزمـاً بوجـود واحـد. أن تسـأل نفسـك في كـل موسـم "مـا هـو أصـغر فعـل لا يـزال يبقينـي متصلاً بمـا أبنيـه؟" ثم تكرم ذلك الجواب.

هناك كرامة هادئة في شخص يرفض الاختفاء من حياته الخاصة حتى عندما يكون متعباً. شخص يقول "قد لا أستطيع فعل كل شيء اليوم ولكنني سأفعل شيئاً." شخص يفهم أن قصة حياته ليست مكتوبة في إيماءات كبيرة ولكن في خيارات متكررة.

الحد الأدنى الذي يحركك ليس عن فعل أقل ما تستطيع الإفلات به. إنه عن فعل أقل ما تحتاجه لتبقى متوافقاً مع من تصبح.

قد تنظر إلى حياتك وترى محاولات كثيرة بدأت بقوة وتلاشت. قد تشعر بثقل ذلك التاريخ وتتساءل إذا كنت قادراً على أي شيء مختلف. لكن الفرق بين حياة من إعادة بدء متكررة وحياة من تقدم ثابت غالباً لا يوجد في الأيام الكبيرة. إنه يوجد في الأيام الصغيرة. الأيام التي كان بإمكانك أن تفعل فيها لا شيء واخترت أن تفعل شيئاً بدلاً من ذلك.

سيكون هناك أيام قادمة عندما تشعر بالإرهاق عندما تفشل خططك عندما تذهب طاقتك عندما يكون عقلك مشتتاً. في تلك الأيام سيكون لديك خيار. يمكنك أن تقول "اليوم ضائع" وتتركه. أو يمكنك أن تقول "اليوم هو يوم حد

أدنى" وتسأل نفسك "ما هو أصغر شيء لا زلت أستطيع فعله يبقيني متحركاً؟"

ذلك السؤال عندما يُجاب بصدق ويُنفذ باستمرار يمكن أن يغير مسار حياتك.

الحد الأدنى الذي يحركك ليس تنازلاً. إنه استراتيجية. إنه كيف يبقى البناؤون بنائين حتى في الأيام التي يشعر فيها البناء بأنه صعب.

# الفصل 9

## البيئة دائماً تفوز

يـأتي نقطـة في رحلـة كـل شـخص حيـث يبـدأون في إدراك أن تقـدمهم لـيس مشـكلاً فقـط بقصـدهم أو انضـباطهم أو رغبـتهم. إنـه مشـكل بهـدوء وباسـتمرار وغالبـاً بـدون وعـيهم بواسـطة البيئـة التـي يعيشـون فيهـا. النـاس يحبـون أن يعتقـدوا أنهـم كائنـات مـن الإرادة بـأن اختيـاراتهم تـأتي فقـط مـن قـوة داخليـة بـأن عـاداتهم هـي نتيجـة شخصية فرديـة. لكـن الحقيقـة أقـل رومانسـية بكثيـر وأقـوى بكثيـر بيئتـك تـؤثر عـلى سـلوكك أكـثر مـما سـتفعله تحفيـزك أبـداً. يمكنـك أن تريـد شـيئاً بعمـق يمكنـك أن تـؤمن بـه تمامـاً يمكنـك أن تلتـزم بـه بصدق ومـع ذلـك تجـد نفسـك تنجـرف بعيـداً عنـه إذا لم تكـن المسـاحة حولك مصممة لدعمه.

البيئـة ليسـت فقـط المسـاحة الجسـدية التـي تسـكنها. إنهـا الجـو العـاطفي الـدائرة الاجتماعيـة المنظـر الرقمـي الروتينـات التـي بنيتها الإشـارات التـي تحيـط بـك طاقـة النـاس الـذين تتفاعـل معهـم التوقعـات التـي تمتصهـا الضجيج الـذي

تتحملـه التشــتيتات التي تســمح بهـا. كـل هـذه العنـاصر تشـكل نوعـاً مـن الحقـل الجـاذبي يجـذبك نحـو سـلوكيات معينـة ويبعـده عـن أخـرى. ومهـما كانـت نوايـاك قويـة فإنـك في النهايـة ستتحرك في الاتجاه الذي تسحبك إليه بيئتك.

النـاس يقللـون مـن شـأن هـذا لأنهـم يبـالغون في تقديـر مقـاومتهم الخاصـة. هـم يقولـون لأنفسـهم إنهـم يستطيعون الارتفـاع فـوق محيطهم. هـم يقولـون لأنفسـهم إنهـم يسـتطيعون البقـاء مركـزين حتـى في الفـوضى. هـم يقولـون لأنفسـهم إنهـم يسـتطيعون بنـاء الانضـباط في مسـاحة تُقوضـه باسـتمرار. هـم يقولـون لأنفسـهم إنهـم يسـتطيعون النمـو في بيئـة تبقـيهم صغاراً. لكـن البيئـة دائمـاً تفـوز ليـس لأنـك ضعيف ولكن لأنك إنسان.

تخيـل شخصـاً يريـد أن يقـرأ أكـثر. هـم يشـترون كتبـاً. هـم يضـعون خطـة. هـم يشـعرون بالإثارة. لكـن منـزلهم مـليء بالتشـتيتات. هـاتفهم دائمـاً في متنـاول اليـد. تلفـازهم دائمـاً مفتـوح. مسـاحة عملهـم مزدحمـة. أمسـياتهم صـاخبة. عقلهـم مفـرط التحفيـز. هـم يجلسـون ليقـرأوا لكـن البيئـة تسـحبهم

بعيداً. ليس من خلال القوة ولكن من خلال إشارات خفية. إشعار. صوت. عادة. نمط. هم يلومون أنفسهم على نقص الانضباط لكن الحقيقة أبسط هم يحاولون النمو في تربة لا تدعم النمو.

أو اعتبر شخصاً يريد أن يأكل بشكل أصح. هم يعقدون التزاماً. هم يضعون أهدافاً. هم يشعرون بالتحفيز. لكن مطبخهم مليء بالأطعمة التي يحاولون تجنبها. ثلاجتهم فارغة من الأطعمة التي يريدون أكلها. جدولهم فوضوي. توترهم مرتفع. أمسياتهم متعجلة. بيئتهم تدفعهم نحو الراحة وليس النية. هم يلومون أنفسهم على نقص الإرادة لكن البيئة تشكل اختياراتهم طويلاً قبل أن يتخذوها.

البيئة لا تحتاج إلى أن تكون عدائية لتكون ضارة. إنها فقط تحتاج إلى أن تكون غير متوافقة مع أهدافك.

هناك سبب يشعر به الناس بشكل مختلف عندما يسافرون عندما ينتقلون إلى مدينة جديدة عندما يغيرون وظائفهم عندما يعيدون ترتيب منزلهم. التحول في البيئة

يخلق تحولاً في السلوك. الإشارات تتغير. الروتينات تتغير. التوقعات تتغير. الطاقة تتغير. وفجأة الأشياء التي كانت تشعر بأنها صعبة تشعر بأنها ممكنة. ليس لأن الشخص قد تغير ولكن لأن البيئة قد تغيرت.

هذا هو السبب في أن بعض الناس يزدهرون في مساحات معينة ويكافحون في أخرى. إنه ليس أنهم يصبحون أشخاصاً مختلفين. إنه أن البيئة إما تُكبر قواهم أو تُكبر نقاط ضعفهم. بيئة داعمة تجعل العادات الجيدة تشعر بأنها طبيعية. بيئة مدمرة تجعل العادات الجيدة تشعر بأنها مستحيلة.

هناك حقيقة هادئة يغفل عنها الناس غالباً أنت لا تستطيع التفوق على الانضباط في بيئة مصممة لتشتيتك. أنت لا تستطيع التفوق على التركيز في بيئة تسحب انتباهك باستمرار. أنت لا تستطيع التفوق على النمو في بيئة تعزز عاداتك القديمة. أنت لا تستطيع بناء حياة جديدة في مساحة تبقيك مرتبطاً بالقديمة.

البيئة دائماً تفوز لأنها تشكل سلوكك قبل أن تدرك ذلك حتى.

93

فكر في كيف يمكن لشيء واحد بسهولة أن يؤثر على أفعالك. هاتف على الطاولة يسحب انتباهك حتى عندما لا تلمسه. تلفاز في الخلفية يغير الطريقة التي تفكر بها حتى عندما لا تشاهده. مكتب مزدحم يجعل البدء أصعب حتى عندما تعرف ما تحتاج إلى فعله. سرير في زاوية مساحة عملك يجعلك تشعر بالتعب حتى عندما لا تكون كذلك. هذه الإشارات ليست محايدة. إنها إشارات. إنها محفزات. إنها دعوات لسلوكيات قد لا تريدها.

الآن تخيل العكس. دفتر ملاحظات متروك مفتوحاً يدعوك إلى الكتابة. زوج من الأحذية بجانب الباب يدعوك إلى المشي. مساحة عمل نظيفة تدعوك إلى التركيز. غرفة هادئة تدعوك إلى التفكير. مطبخ مجهز بطعام صحي يدعوك إلى الأكل بشكل مختلف. هذه الإشارات ليست عرضية. إنها مصممة. إنها متعمدة. إنها جزء من بيئة تدعم الشخص الذي تصبح.

البيئــة دائمــاً تفــوز لأنها دائمــاً حاضـرة. التحفيــز يـأتي ويـذهب. الإلهــام يرتفـع ويهـبط. الإرادة تتقلـب. لكـن البيئـة ثابتـة. إنها تحـيط بـك. إنها تشـكلك. إنها تـؤثر عليـك حتـى عنـدما لا تكـون منتبهًا.

هنــاك ســبب يبـدأ بــه النـاس الـذين يريـدون تغيـير حيـواتهم غالبـاً بتغيـير محـيطهم. هـم ينظفـون مسـاحتهم. هـم يعيـدون ترتيـب أثـاثهم. هـم يزيلـون التشـتيتات. هـم يخلقـون زاويــة لعملهــم. هـم يشـترون أدوات تـدعم عـاداتهم. هـم يبتعـدون عـن النـاس الـذين يسـتنزفونهم. هـم يبحثـون عـن النـاس الـذين يلهمـونهم. هـم يعـدلون روتينـاتهم. هـم يغـيرون جـوّهم. هـم ليسـوا يتصرـفون بشـكل درامـاتيكي. هـم يتصرـفون بشكل استراتيجي.

شـخص يريـد أن ينمـو يجـب أن يخلـق بيئـة يكـون فيهـا النمـو هو الافتراضي وليس الاستثناء.

الاسـتيقاظ مبكـراً هـو صراع شـائع والتحفيـز نـادراً مـا يحلـه. شـخص واحـد جـرب كـل شيء المنبهـات الروتينـات الوعـود لأنفسـهم لكـن لا شيء ثبـت. ثـم غـيروا تفصـيلاً صـغيراً

واحـداً وضـعوا المنبـه عـبر الغرفـة. ذلـك التحـول البسـيط طلب
مـنهم الوقـوف لإسـكاته. وبمجـرد أن وقفـوا فقـد كانـت المعركـة
قد فازت بالفعل. أحياناً تنجح البيئة حيث تفشل التحفيز.

شـخص آخـر أراد ممارسـة الغيتـار لكنـه نـادراً مـا فعل
ذلـك. كـان الآلـة مخزنـة في علبتهـا مخبـأة في خزانـة. في يـوم مـا
وضـعوا الغيتـار عـلى حامـل في وسـط الغرفـة. فجـأة مارسوا
أكـثر. لـيس لأنهـم أصـبحوا أكـثر انضـباطاً ولكـن لأن البيئـة
جعلت الفعل أسهل من التجنب.

هـذه الأمثلـة قـد تبـدو صغيرة ولكنها تكشـف شـيئاً
عميقـاً البيئـة تشـكل السـلوك عـن طريـق تقليـل أو زيـادة
الاحتكـاك. عنـدما تجعـل البيئـة السـلوك المرغـوب سـهلاً فإنك
تفعلـه أكـثر. عندما تجعـل البيئـة السـلوك المرغـوب صعباً فإنك
تفعلـه أقـل. عنـدما تجعـل البيئـة السـلوك غـير المرغـوب سـهلاً
فإنـك تسـقط فيـه. عنـدما تجعـل البيئـة السـلوك غير المرغـوب
صعباً فإنك تتجنبه.

البيئة دائماً تفوز لأنها تحدد طريق أقل مقاومة.

الناس غالباً ما يلومون أنفسهم على اختيار الطريق الأسهل لكن اختيار الطريق الأسهل هو الطبيعة البشرية. المفتاح ليس محاربة تلك الطبيعة. المفتاح هو تصميم بيئتك بحيث يكون الطريق الأسهل هو الذي يتوافق مع أهدافك.

هناك طبقة أخرى للبيئة نادراً ما يعترف بها الناس البيئة الاجتماعية. الناس الذين تقضي الوقت معهم يشكلون سلوكك بقدر الأشياء في منزلك. توقعاتهم تؤثر على قراراتك. عاداتهم تؤثر على روتيناتك. طاقتهم تؤثر على مزاجك. معتقداتهم تؤثر على عاداتك. أنت تمتص أكثر مما تدرك من بيئتك الاجتماعية.

إذا قضيت الوقت مع ناس يشتكون باستمرار فإنك ستشتكي أكثر. إذا قضيت الوقت مع ناس يتجنبون المسؤولية فإنك ستتجنب المسؤولية أكثر. إذا قضيت الوقت مع ناس لا يجربون أي شيء جديد أبداً فإنك ستجرب أشياء جديدة أقل. لكن إذا قضيت الوقت مع ناس يبنون فإنك ستبني أكثر. إذا قضيت الوقت مع ناس يأخذون مخاطر فإنك ستأخذ مخاطر أكثر. إذا قضيت الوقت مع ناس ينمون فإنك ستنمو.

البيئة دائماً تفوز لأنك مصمم للتكيف مع الناس حولك.

هنـاك لحظـة في حيـاة كـل شـخص عنـدما يـدرك أن بيئتـه ليسـت محايـدة. إنها إمـا تسـحبه إلى الأمام أو تسـحبه إلى الخلـف. إنهـا إمـا تـدعم نمـوه أو تعرقلـه. إنها إمـا متوافقـة مـع مسـتقبله أو مرتبطـة بماضـيه. وبمجـرد أن تـرى هـذا بوضوح فإنك لا تستطيع أن لا تراه.

أنـت تبـدأ في ملاحظـة الطرق الخفيـة التـي تشكل بها بيئتـك سـلوكك. أنـت تبـدأ في ملاحظـة الإشارات التـي تحفـز عاداتـك. أنـت تبـدأ في ملاحظـة المسـاحات التـي تسـتنزفك والمسـاحات التـي تنشـطك. أنـت تبـدأ في ملاحظـة الناس الـذين يرفعونـك والنـاس الـذين يحدون منـك. أنـت تبـدأ في ملاحظـة الروتينات التي تدعمك والروتينات التي تشتتك.

وبمجـرد أن تلاحـظ هـذه الأشـياء فـإن لـديك خيـاراً. يمكنك الاسـتمرار في العـيش في بيئـة تعمـل ضـدك أو يمكنـك أن تبـدأ في تصميم واحدة تعمل لصالحك.

تصميم بيئتك ليس عن خلق مساحة مثالية. إنه عن خلق واحدة داعمة. إنه عن إزالة الاحتكاك غير الضروري. إنه عن إضافة إشارات متعمدة. إنه عن تشكيل محيطك بحيث يكون الشخص الذي تريد أن تصبح أسهل نسخة من نفسك للوصول إليها.

أنت لا تحتاج إلى تغيير كل شيء دفعة واحدة. أنت لا تحتاج إلى إعادة تصميم حياتك بأكملها في ليلة واحدة. أنت فقط تحتاج إلى البدء في الملاحظة. أنت فقط تحتاج إلى البدء في التعديل. أنت فقط تحتاج إلى البدء في تشكيل بيئتك بنفس العناية التي تستخدمها لتشكيل أهدافك.

لأنه في النهاية البيئة دائماً تفوز. وإذا صممتها جيداً فإن ذلك هو بالضبط ما تريده.

# الفصل 10

## القصص التي نرويها لأنفسنا

طــويلاً قبــل أن يغيــر شــخص حياتــه فإنــه يغيــر الطريقــة التــي يتحــدث بهــا إلى نفســه. أحيانــاً يكــون ذلــك التغيــير متعمــداً نتيجــة للتأمــل والاختيــار. في أغلــب الأحيــان يكــون غــير واعٍ نتيجــة لســنوات مــن التكــرار. الكلــمات التــي تســتخدمها عندما لا يســتمع أحــد التفســيرات التــي تعطيهــا لنفســك لماذا الأمــور هــي علــى مــا هــي عليــه العبــارات الهادئــة التــي تجري في عقلــك عنــدما تفشــل عنــدما تنجح عنــدما تــتردد هــذه ليســت مجــرد أفكــار. إنهــا قصــص. وتلــك القصــص تقــرر بهــدوء مــا تــؤمن بأنــه ممكن بالنسبة لك.

معظــم النــاس لا يــدركون أبــداً كــم قــوة تحملهــا قصصــهم الداخليــة. هــم يفترضــون أن أفكــارهم هــي ببســاطة ردود أفعــال علــى الواقــع نــوع مــن التعليــق علــى مــا يحــدث. هــم لا يــرون أن أفكــارهم هــي أيضــاً تعليــمات تشــكل ســلوكهم تعــزز هــويتهم تبنــي جدرانــاً خفيــة حــول مــا ســيحاولونه ومــا لــن

يحاولوه. هـم لا يـرون أن القصـة التـي يروونهـا لأنفسـهم عـن من هم تصبح السيناريو الذي يتبعونه غالباً بدون سؤال.

مـن سـن مبكـرة تبـدأ القصـص في التشـكل. بعضـها يُعطـى مباشـرة "أنـت الشـخص المسـؤول" "أنت الشخص الصـعب" "أنـت الشـخص الـذكي" "أنـت الشـخص الهـادئ" أنـت لسـت مثـل أخيـك" "أنـت لسـت مثـل أولئـك النـاس" "نـاس مثلنـا لا يفعلـون أشـياء مثـل ذلـك." أخـرى تُمـتص بشـكل غـير مباشـر مـن خـلال النـبرة مـن خـلال الانتبـاه مـن خـلال مـا يُمـدح ومـا يُتجاهـل. طفـل يُحتفـل بـه فقـط عنـدما يحقـق قـد ينمـو إلى بـالغ يـؤمن بأنـه قـيم فقـط عنـدما يكـون يـؤدي. طفـل يُنتقـد باسـتمرار قـد ينمـو إلى بـالغ يـؤمن بأنـه دائـماً خطـأ واحـد بعيـداً عـن الـرفض. طفـل يُقـال لـه "كـن واقعيـاً" في كـل مـرة يحلم قد ينمو إلى بالغ يحرر رغباته قبل أن ينطق بها حتى.

هنـاك حقيقـة هادئـة يغفـل عنهـا النـاس غالبـاً عـدم الثبـات لـيس ناتجـاً عـن نقـص القـدرة. إنـه نـاتج عـن الاحتكـاك العـاطفي. إنـه نـاتج عـن القصـص التـي يرويهـا النـاس لأنفسـهم عنـدما يقصرـون. شـخص يفـوت يومـاً ويشـعر فـوراً بالـذنب.

هـم يفوتون يومين ويشعرون بالخزي. هـم يفوتون ثلاثـة أيـام ويشـعرون بـأنهم قـد فشـلوا. يصـبح الـوزن العـاطفي أثقـل مـن الفعـل نفسـه. هـم يتوقفـون لـيس لأن الفعـل صـعب ولكـن لأن القصة التي يربطونها بالمقاطعة تصبح لا تُحتمل.

لكـن الثبـات يصـبح أسـهل عنـدما تزيـل الـدراما مـن العمليـة. عنـدما تتوقـف عـن معاملـة كـل يـوم فائـت كأزمـة. عنـدما تتوقـف عـن تفسـير كـل مقاطعـة كعلامـة علـى أنـك غير قـادر. عنـدما تتوقـف عـن توقـع أن تكـون خاليـاً مـن العيـوب. عنـدما تبـدأ في رؤيـة الثبـات كمحادثـة طويلـة بـدلاً مـن أداء واحد.

معظـم النـاس لا يـدركون أبـداً كـم قـوة تحملهـا قصصـهم الداخليـة. هـم يفترضون أن أفكـارهم هـي ببسـاطة ردود أفعـال علـى الواقـع نـوع مـن التعلـيق علـى مـا يحـدث. هـم لا يـرون أن أفكـارهم هـي أيضـاً تعلـيمات تشـكل سـلوكهم تعـزز هـويتهم تبنـي جدراناً خفية حـول مـا سـيفعلونه ومـا لـن يفعلـوه. هـم لا يـرون أن القصـة التـي يروونهـا لأنفسـهم عـن من هم تصبح السيناريو الذي يتبعونه غالباً بدون سؤال.

مـن سـن مبكـرة تبـدأ القصـص في التشـكل. بعضهـا يُعطـى مباشرة "أنـت الشـخص المسؤول" "أنـت الشـخص الصـعب" "أنـت الشـخص الـذكي" "أنـت الشـخص الهـادئ" "أنـت لسـت مثـل أخيـك" "أنـت لسـت مثـل أولئـك النـاس" "نـاس مثلنـا لا يفعلـون أشـياء مثـل ذلـك." أخـرى تُمـتص بشـكل غـير مباشر مـن خـلال النـبرة مـن خـلال الانتبـاه مـن خـلال مـا يُمـدح ومـا يُتجاهـل. طفـل يُحتفـل بـه فقـط عنـدما يحقـق قـد ينمـو إلى بـالغ يـؤمن بأنـه قيـم فقـط عندما يكـون يـؤدي. طفـل يُنتقـد باستمرار قـد ينمـو إلى بـالغ يـؤمن بأنـه دائمـاً خطـأ واحـد بعيـداً عـن الـرفض. طفـل يُقـال لـه "كـن واقعيـاً" في كـل مـرة يحلم قد ينمو إلى بالغ يحرر رغباته قبل أن ينطق بها حتى.

هـذه القصـص المبكـرة لا تبقـى في الطفولـة. إنهـا تسـافر. إنهـا تنمـو. إنهـا تتكيـف. إنهـا تصبـح العدسـة التـي مـن خلالهـا يفسرـ الشـخص تجاربـه. عنـدما يحـدث شيء خـاطئ فـإن القصـة تفسرـه. عنـدما يحـدث شيء صحيح فـإن القصـة تفسرـ ذلـك أيضـاً. مـع مـرور الوقـت تصبـح القصـة مألوفـة جـداً بحيـث تشعر كأنها حقيقة.

شخص يحمل القصة "أنا دائماً أفسد الأشياء" سيفسر كل انتكاسة كتأكيد. موعد نهائي فائت مهمة منسية محاولة فاشلة كل واحدة منها تصبح قطعة أخرى من الدليل. هم نادراً ما يلاحظون الأوقات التي تابعوا فيها حتى النهاية الأوقات التي نجحوا فيها الأوقات التي تعاملوا فيها مع الأمور جيداً. تلك اللحظات لا تتناسب مع القصة لذا يتم تجاهلها أو تقليلها. القصة تبقى على قيد الحياة عن طريق اختيار ما تدفع الانتباه إليه.

شخص آخر قد يحمل القصة "أنا فقط لست ذلك النوع من الشخص." ليس النوع من الشخص الذي يتكلم. ليس النوع من الشخص الذي يأخذ مخاطر. ليس النوع من الشخص الذي يقود. ليس النوع من الشخص الذي يغير مهن. ليس النوع من الشخص الذي يبدأ عملاً يكتب كتاباً ينتقل إلى مكان جديد أو يتعلم شيئاً صعباً. عندما تظهر الفرص فإن هذه القصة تهمس "ذلك للناس الآخرين." إنها لا تصرخ. إنها لا تجادل. إنها ببساطة تذكرهم بمن يعتقدون أنهم.

القصص التي نرويها لأنفسنا ليست دائماً سلبية. بعضها وقائي. بعضها مريح. بعضها مقصود ليبقينا آمنين. أنا لا أحتاج كثيراً" قد يقول شخص ما ليس لأنه يشعر حقاً" بالإشباع ولكن لأن الرغبة في المزيد تشعر بخطورة. "أنا بخير" قد يكرر شخص ما ليس لأنه كذلك ولكن لأن الاعتراف بعدم رضاه سيطلب تغييراً. "ليس سيئاً إلى هذا الحد" قد يصرـ شخص ما ليس لأن الوضع مقبول ولكن لأن البديل المغادرة المواجهة المخاطرة مخيف.

القصص يمكن أن تكون دروعاً. إنها يمكن أن تكون أقفاصاً أيضاً.

هناك لحظة في حيوات كثير من الناس عندما يبدأون في الإحساس بأن شيئاً ما غير صحيح. هم يلاحظون أن ردود أفعالهم أقوى مما تتطلبه الموقف. هم يلاحظون أنهم يستمرون في تكرار الأنماط نفسها في سياقات مختلفة. هم يلاحظون أنهم منجذبون إلى أنواع العلاقات نفسها وأنواع الوظائف نفسها وأنواع الإحباطات نفسها. هم يلاحظون أنهم يستمرون في الانتهاء في أماكن عاطفية مألوفة حتى عندما تتغير التفاصيل الخارجية. إذا نظروا عن كثب فإنهم سيجدون قصة في المركز منها.

شخص يؤمن في أعماقه "أنا صعب الحب" سيجد طرقاً لتأكيد تلك المعتقد. هم قد يختارون شركاء غير متوفرين عاطفياً. هم قد يخربون علاقات صحية. هم قد يمدون أنفسهم أكثر مما ينبغي محاولين كسب المودة ثم يشعرون بالاستياء عندما لا تُرد. كل نتيجة مؤلمة تصبح فصلاً آخر في القصة نفسها. "ترى؟" تقول القصة. "هذا من أنت."

شخص يؤمن "أنا لست جيداً مع المال" سيتصرف بطرق تعزز ذلك المعتقد. هم قد يتجنبون النظر إلى أمورهم المالية. هم قد ينفقون أكثر مما ينبغي عندما يشعرون بالتوتر. هم قد يتقاضون أقل مما ينبغي مقابل عملهم. هم قد يفترضون أن الثروة للناس الآخرين وليس لهم. عندما يعانون مالياً فإن القصة هناك لتفسره. "بالطبع" تقول. "هذا فقط كيف أنت."

خطر هذه القصص ليس فقط أنها مقيدة. إنه أنها غالباً ما تكون غير مرئية. الناس نادراً ما يقولونها بصوت

عــالٍ. هــم نــادراً مــا يكتبونهـا. هــم نــادراً مــا يفحصــونها. هــم ببســاطة يعيشــون داخلهـا. وطالمــا أن قصـة تــذهب بــدون فحص فإنها تذهب بدون تحد

لكــن القصــص ليســت حقــائق. إنهـا تفسـيرات. إنهـا معنــى مــتراكم فــوق الأحــداث. يمكــن لشخصــين أن يختــبرا نفس الانتكاســة ويرويــا لأنفسـهما قصصـاً مختلفــة تمامـاً عــن مــا تعنيـه. شــخص واحــد يفشــل في مشــروع ويفكــر "أنـا لسـت مناسـباً لهـذا." شــخص آخــر يفشــل في نفـس المشــروع ويفكـر "أنــا أتعلــم كيــف أفعـل هـذا." الحــدث هـو نفسـه. القصـة مختلفـة. ومــع مــرور الوقـت تــؤدي تلـك القصـص المختلفـة إلى حيوات مختلفة.

القصــص التـي نرويهـا لأنفسـنا تشكل كيـف نستجيب للخــوف للاحتكــاك للفرصـة للفشل للنجـاح. إنهـا تشـكل مـا إذا كنـا نـرى العقبـات كـدليل علـى أنـه يجـب أن نتوقـف أو دليـل علـى أننـا ننمـو. إنهـا تشـكل مـا إذا كنـا نفسر النقـد كحكـم أو كمعلومــات. إنهـا تشـكل مـا إذا كنـا نـرى أنفسـنا كضـحايا لظروفنا أو مشاركين في حياتنا الخاصة.

هنـاك تحـول خفـي ولكنـه قـوي يحـدث عندما يبـدأ شـخص في ملاحظـة قصصـه. هـم يبدأون في سمـاع العبـارات التـي تتكـرر في عقلهـم. هـم يبـدأون في التعـرف علـى الأنمـاط في حـديثهم الـذاتي. هـم يبـدأون في رؤيـة الاتصـال بـين روايـتهم الداخليـة وسـلوكهم الخـارجي. هـم يبـدأون في إدراك أن الصـوت في رأسـهم لـيس راويـاً موضـوعياً. إنـه راوي قصـص لـه تاريخ له تحيزات له مخاوف له ولاءات.

أحيانـاً يكـون ذلـك الـراوي مخلصـاً لراحتـك أكـثر مـن نمـوك. إنـه سـيروي لـك قصصـاً تبقيـك مـن المخـاطرة مـن التغيـير مـن الـدخول إلى المجهـول. إنـه سـيذكرك بكـل مـرة تـم جرحـك فيهـا بكـل مـرة تـم إحراجـك فيهـا بكـل مـرة تـم رفضـك فيهـا. إنـه سـيسـتخدم تلـك الـذكريات كـدليل لـدعم استنتاجه المفضل "ابقَ حيث أنت. إنه أأمن هنا."

لكـن السـلامة ليسـت هـي نفـس الإشباع. والراحـة ليسـت هـي نفس السلام.

هنــاك ســؤال يمكـــن أن يبــدأ في تخفيــف قبضة قصــة قديمــة "مــاذا يمكـن أن يعنــي هـذا أيضاً؟" عنــدما يحدث شيء خـاطئ بـدلاً مـن قبـول التفسـير الأقسى ـ فـوراً فإنـك تتوقف. أنـت تسـأل "مـاذا يمكـن أن يعنـي هـذا أيضاً؟" ربمـا لا يعنـي أنـك غيـر قـادر. ربمـا يعنـي أنـك في بدايـة العمليـة. ربمـا لا يعنـي أنـك غيـر مسـتحق. ربمـا يعنـي أن الوضع كـان غير متوافـق. ربمـا لا يعنــي أنـك محكــوم عليــك بتكـرار المـاضي. ربمـا يعنــي أن لديك فرصة للرد بشكل مختلف هذه المرة.

هـذا السـؤال لا يمحـو الألم. إنـه لا ينكـر الواقـع. إنـه لا يتظاهر بـأن كـل شيء عـلى مـا يـرام عنـدما ليس كـذلك. إنـه ببسـاطة يفـتح نافـذة في غرفـة كانـت مغلقـة لفـترة طويلـة. إنـه يدخل الهواء. إنه يدخل الضوء. إنه يخلق مساحة لقصة مختلفة

سـؤال قـوي آخـر هـو "مــن علمَنـي أن أفكـر بهـذه الطريقـة؟" كثـير مــن القصـص التـي نرويهـا لأنفسـنا لم تبـدأ معنـا. إنهـا كانـت تُسـلّم إلينـا مـن الآبـاء والمعلمـين والأقـران والثقافـة والـدين والإعـلام. إنهـا كانـت مشكّلة بواسـطة البيئـات التـي نشـأنا فيهـا والتوقعـات التـي امتصصناها والتجـارب التـي نجونـا منهـا. عنـدما تسـأل "مـن علمَنـي هـذا؟" فإنـك تبـدأ في رؤيـة أن بعـض أعمـق المعتقـدات التـي تحملهـا عـن نفسـك

ليست انعكاسات لطبيعتك الحقيقية. إنها انعكاسات لخوف شخص آخر ولحد شخص آخر ولألم شخص آخر.

إدراك هذا لا يعني لوم الآخرين على كل شيء. إنه يعني الاعتراف بأنك ورثت قصصاً قد لا تخدمك بعد الآن. وما هو موروث يمكن فحصه. ما هو مفحوص يمكن مراجعته.

إعادة كتابة قصتك الداخلية ليست عن تكرار تأكيدات فارغة لا تؤمن بها. إنها عن أن تروي لنفسك الحقيقة بطريقة أكثر اكتمالاً. ليس فقط حقيقة إخفاقاتك ولكن حقيقة مرونتك. ليس فقط حقيقة أخطائك ولكن حقيقة نموك. ليس فقط حقيقة مخاوفك ولكن حقيقة شجاعتك. ليس فقط حقيقة حدودك ولكن حقيقة إمكانياتك.

شخص كان دائماً يروي لنفسه "أنا أستسلم بسهولة" قد يبدأ في البحث عن لحظات عندما لم يفعل. أوقات عندما بقوا. أوقات عندما تحملوا. أوقات عندما استمروا في التقدم

حتــى عنــدما كــان صعبـاً. تلــك اللحظـات قــد تكــون صغيرة ولكنهـا حقيقيــة. إنهــا شـقوق في القصـة القديمـة. إنهـا دليـل عـلى أن رواية أخرى ممكنة.

شخص كـان دائمـاً يـروي لنفسـه "أنا لسـت مبدعـاً" قـد يبـدأ في ملاحظـة الطـرق التـي يحـل بهـا المشكلات والأفكـار التـي لديـه والطـرق التـي يعـبر بهـا عـن نفسـه في المحادثـة في الطبـخ في التنظيـم في العنايـة بـالآخرين. الإبـداع ليـس محـدوداً بـالفن. إنــه القـدرة عـلى إحضـار شيء إلى الوجـود لم يكـن موجـوداً مـن قبـل. بهـذا التعريـف فـإن معظـم النـاس أكـثر إبـداعاً مـما يـدركون. القصـة ببسـاطة لم تسـمح لهـم أبـداً برؤيـة ذلك.

لقصـص التي نرويها لأنفسنا تشـكل أيضاً كيـف نتلقـى النجـاح. بعـض النـاس يحملـون قصـة تقـول "إذا نجحـت فسـوف أفقـد شـيئاً." أفقـد الاتصـال. أفقـد الانـتماء. أفقـد التواضـع. أفقـد السـلامة. لـذا عنـدما يبـدأ النجـاح في الظهـور فـإنهم يتراجعـون. هـم يؤجلـون. هـم يقوضـون جهـودهم الخاصـة. هـم يخلقـون فـوضى حيـث يمكـن أن يكـون هنـاك

تقـــدم. لـيـــس لأنهـــم لا يريـــدون النجـــاح ولكـــن لأن قصــتهم
ربطت النجاح بالخطر.

إعـــادة كتابـــة تلـــك القصـــة قـــد تعنـــي الســؤال "مـــاذا لـو
سـمح النجـاح لي بـأن أعطـي أكـثر وليس أقـل؟ مـاذا لـو عمـق
النجـــاح علاقـاتي بـدلاً مـن إضعافها؟ مـاذا لـو لم يكـن النجـاح
خيانـة للمكـان الـذي أتيـت منـه ولكنـه توسـع لمـا هـو ممكـن
لأولئـــك الـــذين يـأتون بعـدي؟" هـذه ليسـت خيـالات. إنهـا
روايـــات بديلـــة. والروايـــة التـــي تختارهـــا ستؤثر عـلى الاختيـارات
التي تتخذها.

هنـــاك ارتبـــاط عميـــق بـين القصـص التـي نرويهـا لأنفسـنا
والسـقوف التـي نصـطدم بهـا في حياتنـا. شـخص قـد يبنـي
زخـمـاً يبقـى متسـقاً يصـمم بيئـة داعمـة ومـع ذلـك يجـد نفسـه
يتوقـف عند النقطة نفسـها كـل مـرة. هـم يقتربـون مـن إنهـاء
مشـروع ثـم يتوقفـون. هـم يقتربـون مـن اختراق ثـم يتراجعـون.
هـم يقتربـون مـن علاقـة صحية ثـم يخربونهـا. عـلى السـطح
يبـدو كحـظ سـيء أو نقـص انضبـاط. تحـت السـطح هنـاك غالبـاً
قصة تقول "هذا أبعد ما يمكن لناس مثلك الوصول إليه".

للتحرك وراء ذلك السقف يجب أن تتغير القصة.

تغيير قصتك لا يعني التظاهر بأنك شخص أنت لست هو. إنه يعني السماح لنفسك بأن تصبح شخصاً لم تكن بعد. إنه يعني توسيع إحساسك بما هو ممكن بالنسبة لك. إنه يعني التحدث إلى نفسك بطريقة تدعم نموك بدلاً من تقويضه.

قد تبدأ بالتحول من اللغة المطلقة إلى لغة العملية. بدلاً من "أنا سيء في هذا" تقول "أنا أتعلم هذا." بدلاً من "أنا دائماً أفشل" تقول "لقد فشلت من قبل وأنا لا زلت قادراً على المحاولة مرة أخرى." بدلاً من "هذا فقط من أنا" تقول "هذا من كنت وأنا منفتح على أن أصبح أكثر."

هذه التحولات قد تبدو صغيرة ولكنها ليست تجميلية. إنها هيكلية. إنها تغير الطريقة التي يؤطر بها عقلك تجاربك. إنها تغير الطريقة التي تفسر بها سلوكك الخاص. إنها تغير الطريقة التي ترى بها مستقبلك.

القصص التي نرويها لأنفسنا ليست فقط عن القدرة. إنها عن القيمة. كثير من الناس يحملون قصة تقول "أنا لست جديراً بالاستثمار فيّ." هم سيضحون من أجل الآخرين يحضرون من أجل الآخرين يشجعون الآخرين ولكن عندما يتعلق الأمر بأحلامهم الخاصة براحتهم الخاصة بنموهم الخاص فإنهم يترددون. هم يقولون لأنفسهم "إنه أناني" أو إنه ترف" أو "إنه غير ضروري." تحت تلك التبريرات غالباً "ما يكون هناك معتقد أهدأ "أنا لست جديراً بالجهد".


إعادة كتابة تلك القصة ليست مسألة أنا. إنها مسألة كرامة. إنه الاعتراف بأن حياتك ليست بروفة لحياة شخص آخر. إنها حياتك الخاصة. وأنت مسموح لك ببنائها بعناية.

القصص التي نرويها لأنفسنا لن تختفي في ليلة واحدة. إنها كانت تمارس لسنوات. إنها لديها أخاديد. إنها لديها زخم. لكنها ليست غير قابلة للتغيير. كل مرة تلتقط فيها قصة قديمة وتختار عدم اتباعها فإنك تضعف قبضتها. كل مرة تروي لنفسك نسخة أكثر اكتمالاً وأكثر لطفاً وأكثر دقة من الحقيقة فإنك تقوي طريقاً جديداً. مع مرور الوقت يصبح ذلك الطريق الجديد هو الذي يأخذه عقلك أولاً.

أنـت لا تسـتطيع دائمـاً السـيطرة عـلى الفكـرة الأولى التـي تظهـر في عقلـك. إنهـا مشـكلة بواسـطة التـاريخ بواسـطة العـادة بواسـطة القصـص القديمـة. لكـن يمكنـك اختيـار الفكـرة الثانيـة. يمكنـك اختيـار الاسـتجابة. يمكنـك اختيـار مـا إذا كنـت سـتقبل القصـة كحقيقـة أو ستسـأل عنهـا. يمكنـك اختيـار مـا إذا كنت ستسمح لها بأن تملي سلوكك أو تتركها تمر.

الحيـاة التـي تبنيهـا ستُشـكل ليـس فقـط بمـا تفعلـه ولكـن بمـا تـؤمن بـه عـن نفسـك بينمـا أنـت تفعلـه. القصـص التـي ترويهـا لنفسـك ليسـت ضـجيج خلفيـة. إنهـا السـيناريو. وإذا كنـت تريـد نهايـة مختلفـة فإنـك يجـب أن تكـون راغبـاً في مراجعـة السطور.

# الفصل 11

## قوة أنظمة الدعم

هنـاك أسـطورة هادئـة يحملهـا كثيـر مـن النـاس خاصـة أولئـك الـذين يـرون أنفسـهم عـلى أنهـم أقويـاء مسـتقلون ومرنـون. إنهـا المعتقـد بـأن الطريقـة الأكـثر إعجابـاً للنمـو هـي لوحـده. أن أنقـى شـكل مـن أشـكال التقـدم هـو المكتفـي ذاتيـاً. أن الحاجـة إلى الآخـرين هـي علامـة عـلى الضـعف. أن طلـب المسـاعدة يخفـف بطريقـة مـا مـن قيمـة مـا تبنيـه. لـذا هـم يحاولـون حمـل كـل شيء بأنفسـهم الخـوف الشـك المسـؤولية الرؤيـة التنفيـذ. إنهـم يصبحـون نظـام شـخص واحـد حلقـة مغلقـة. ولفـترة مـن الوقـت قـد يعمـل ذلـك حتـى. هـم يحـرزون تقدمـاً. هـم يـدفعون مـن خلالـه. هـم يتحملـون. لكـن في النهايـة يصبـح الـوزن أثقـل مـن قدرتهـم عـلى حملـه لوحـدهم. ليـس لأنهـم غـير قادرين ولكن لأنهم بشر.

لا أحـد يبنـي أي شيء ذي معنـى في عزلـة. ليـس حيـاة وليـس مهنـة وليـس جسـد عمـل وليـس حركـة وليـس إرثـاً. خلـف

كــل شــخص يبــدو وكأنــه يتحــرك لوحـده هنــاك شــبكة مـن التــأثيرات والعلاقــات والهياكــل التـي تجعـل ذلـك الحركـة ممكنــة. بعـض تلـك الـدعائم مرئيـة مرشـد شريـك صديـق فريـق. أخـرى أقـل وضـوحاً كتـاب غـيّر تفكـيرهم محادثـة غـيّرت اتجـاههم مجتمـع جعلهـم يشـعرون بـأنهم أقـل غرابـة لأنهـم يريـدون المزيـد. أنظمـة الـدعم ليسـت دائمـاً رسـمية. إنهـا ليسـت دائمـاً مُسـماة. لكنهـا دائمـاً حـاضرة عنـدما يحـدث نمـو حقيقي مستمر.


فكـرة فعلهـا لوحـده مغريـة لأنهـا تحمـي الأنـا. إذا نجحـت لوحـدك فـإن القصـة تكـون نظيفـة. أنـت تحصـل عـلى قـول ‘‘أنـا فعلـت هـذا.’’ أنـت تحصـل عـلى امتـلاك الروايـة بـدون تعقيـد. لكـن القصـة نفسـها التـي تمجـدك في النجـاح تعزلـك في الكفـاح. عنـدما تصبـح الأمـور صعبة عنـدما تفقـد الـزخم عنـدما تشـك في نفسـك فـإن المعتقـد بأنـه يجـب أن تفعلـه لوحـدك يصبـح قفصـاً. أنـت لا تمـد يـدك. أنـت لا تشـارك. أنـت لا تسـأل. أنـت ببسـاطة تشـد قبضتـك وتحـاول الـدفع أقـوى. وببـطء بهدوء تبدأ في الاحتراق.

أنظمـة الـدعم ليسـت رفاهيـة. إنها جـزء مـن هندسة النمـو المسـتدام. إنها لا تحـل محـل جهـدك. إنها تضاعفه. إنها لا تزيـل مسـؤوليتك. إنها تسـاعدك عـلى حملـه. إنها لا تضمـن النجـاح. إنها تجعـل مـن المـرجح أكـثر أن تبقـى في اللعبـة لفـترة كافية لتجده.

هنـاك أنـواع مختلفـة مـن الـدعم وكـل واحـد منهـا يلعب دوراً مختلفـاً. هنـاك دعـم عـاطفي النـاس الـذين يـذكرونك بأنـك أكـثر مـن نتيجتـك الأخـيرة الـذين يسـتمعون عندما تكـون محبطـاً الـذين يرونـك كشـخص كامـل بـدلاً مـن مشروع. هنـاك دعـم عمـلي النـاس الـذين يشـاركون المعرفـة والمـوارد والأدوات والاسـتراتيجيات الـذين يسـاعدونك في حـل المشـكلات الـذين يجعلـون الطريـق أوضـح. هنـاك دعـم مسـاءلة النـاس الـذين يعرفـون مـا تحـاول فعلـه وهـم عـلى اسـتعداد للسـؤال "هـل فعلـت ذلـك؟" بـدون حكـم ولكـن بصدق. هنـاك دعـم طمـوح النـاس الـذين هـم أمامـك في طريـق مـا الـذين توسـع حيـواتهم إحساسـك بمـا هـو ممكـن الـذين يرفعـون معاييرك بهـدوء مـن خلال مثالهم.

معظـم النـاس لـديهم بعـض شـكل مـن أشـكال الـدعم في حيـواتهم ولكـن لـيس دائمـاً في المجـالات التـي تهـم أكثر. هـم قـد يكـون لـديهم أصـدقاء يسـتطيعون الضـحك معهـم ولكـن لـيس الحـديث عـن أحلامهـم معهـم. هـم قـد يكـون لـديهم زملاء يسـتطيعون التعـاون معهـم ولكـن لـيس أن يكونـوا ضـعفاء معهـم. هـم قـد يكـون لـديهم عائلـة تحـبهم ولكنهـا لا تفهـم الحيـاة التـي يحـاولون بناءهـا. هـم قـد يكـون لـديهم نـاس حـاضرون في حيـواتهم ولكـنهم ليسـوا متـوافقين مـع اتجـاههم. الدعم ليس فقط عن القرب. إنه عن التوافق.


هنـاك نـوع خـاص مـن الوحـدة يـأتي مـن كونـك محاطـاً بنـاس لا يفهمـون الجـزء منـك الـذي يريـد أن ينمـو. يمكنـك أن تتحـدث معهـم عـن يومـك عـن إحباطـاتـك عـن روتيناتـك ولكـن عنـدما تحـاول أن تتحـدث عـن الشيـء الـذي تبنيـه الكتـاب العمـل الفـن التغييـر فإنـك تشـعر بانفصـال خفـي. هـم يومئـون برؤوسـهم ولكـنهم لا يشـعرون بـه. هـم يسـتمعون ولكـنهم لا يرونـه. هـم يهتمـون بـك ولكـنهم لا يشـاركون الجـوع. مـع مـرور الوقـت تـتعلم أن تبقـي ذلـك الجـزء منـك هادئـاً. أنـت تحميـه بإخفائه. وفي القيام بذلك فإنك تحرمه من الأكسجين.

أنظمة الدعم تعطي نموك مساحة للتنفس. إنها تعطيك مكاناً يكون فيه رغبتك في البناء ليست غريبة وليست زائدة وليست غير واقعية بل طبيعية. إنها تعطيك مكاناً يكون فيه الجهد محترماً حيث يُقدَّر المحاولة حيث لا يُسخر من الطموح بل يُعكس. إنها تعطيك مكاناً يمكنك أن تقول فيه "هذا صعب" وتسمع "نعم إنه كذلك وأنت لست الوحيد الذي يشعر بهذه الطريقة".

هناك سبب يتسارع به الناس غالباً عندما يجدون المجتمع المناسب. إنه ليس أنهم أصبحوا فجأة أكثر قدرة. إنه أنهم لم يعودوا يقاتلون معركتين في وقت واحد. من قبل كانوا يقاتلون المعركة الخارجية لبناء شيء ما والمعركة الداخلية للشعور بالوحدة فيه. مع الدعم تلين المعركة الداخلية. لا يزال يجب عليهم القيام بالعمل ولكنهم لم يعودوا بحاجة إلى إثبات لأنفسهم أنهم ليسوا مجانين لأنهم يريدون فعله.

أنظمة الدعم تغير أيضاً الطريقة التي تختبر بها الانتكاسات. عندما تكون لوحدك فإن فشلاً يمكن أن يشعر

كحكـم. إنـه يمكـن أن يشـعر كـدليل عـلى أنـك كنـت أحمـق للمحاولـة. إنـه يمكـن أن يشـعر كتأكيـد لأسوأ مخاوفـك عـن نفسـك. لكـن عنـدما تكـون متصـلاً بـآخرين يبنـون أيضـاً فـإن الفشـل يصـبح سـياقياً. أنـت تـرى أن الجميـع يتعـثرون. أنـت تـرى أن الجميـع لـديهم مواسـم شـك. أنـت تـرى أن الجميـع لـديهم مشـاريع لا تعمـل أفكـار تسـقط محـاولات لا تـنجح. أنت ترى أن الفشل ليس عيباً شخصياً. إنه جزء من العملية.

هنـاك قـوة هادئـة في سـماع شـخص تحترمـه يقـول "لقـد مـررت بـذلك أيضـاً." إنـه لا يمحـو كفاحـك ولكنـه يغـير معنـاه. إنـه لم يعـد علامـة عـلى أنـك معيـب بشـكل فريـد. إنـه علامـة عـلى أنـك على طريق حقيقي.

أنظمـة الـدعم لا يجـب أن تكـون كبـيرة لتكـون قويـة. أحيانـاً شـخص واحـد يفهـم حقـاً مـا تحـاول فعلـه يمكـن أن يحـدث فرقـاً أكـبر مـن حشـد مـن النـاس الـذين لا يفهمـون. محادثـة واحـدة في الوقـت المناسب يمكـن أن تبقيـك مـن الاستسـلام. كلمـة واحـدة مـن التشـجيع مـن شـخص رأيـه تقـدره يمكـن أن تحملـك خـلال أسـابيع مـن الشـك. مثـال واحـد لشـخص قـام بمـا تحـاول فعلـه يمكـن أن يحـول معتقـدك مـن "هذا مستحيل" إلى "هذا صعب ولكنه ممكن".

هنـاك أيضـاً نـوع مـن الـدعم يـأتي ليـس مـن نـاس تعـرفهم شخصـياً ولكـن مـن نـاس عملكـم تواجهـه. كتـاب يمكـن أن يكـون نظـام دعـم. بودكاسـت يمكـن أن يكـون نظـام دعـم. قصـة يمكـن أن تكـون نظـام دعـم. عنـدما تقـرأ عـن شخـص سـار في طريـق مشـابه لطريقـك فـإن تجربتـه تصبـح نوعـاً مـن الرفقـة. قـد لا تلتقـي بهـم أبـداً ولكـن كلماتهـم تجلـس بجانبـك عنـدما تكـون متعبـاً. قصتهـم تـذكرك بأنـك لسـت الشخـص الأول الـذي يشـعر بمـا تشـعر بـه. رحلتهـم تصبـح خريطـة ليـس في معنـى إعطائـك توجيهـات دقيقـة ولكـن في معنـى إثبـات أن التضاريس يمكن عبورها.

أنظمـة الـدعم ليسـت فقـط عـن التلقـي. إنهـا أيضـاً عـن العطـاء. هنـاك نـوع فريـد مـن القـوة يـأتي مـن كونـك مصـدر دعـم للآخـرين. عنـدما تشجـع شخصـاً آخـر فإنـك غالبـاً مـا تسـمع نصيحتـك الخاصـة بطريقـة لـم تسـتطع سماعها عنـدما كانـت فقـط في رأسـك. عنـدما تـذكر شخصـاً آخـر بتقدمـه فإنـك تصبـح أكـثر وعيـاً بتقدمـك الخـاص. عنـدما تمسـك شخصـاً آخـر بالمسـاءلة فإنـك تصبـح أكـثر وعيـاً بالتزاماتـك الخاصـة. الـدعم متبادل حتى عندما لا يبدو متماثلاً.

لكـن لـيس كـل دعـم مفيـداً. هنـاك شيء اسمـه دعـم يبقيـك صغيـراً. نـاس يعزونـك عندما تكـون في ألم ولكـنهم أيضاً يشـجعونك بشـكل خفـي عـلى البقـاء حيـث أنـت لأن نمـوك سـيطلب مـنهم مواجهـة ركـودهم الخـاص. نـاس يقولـون "أنـت تعمـل بجهـد كبـير جـداً" لـيس لأنهـم يهتمـون بسـلامتك ولكـن لأن جهـدك يجعلهـم غـير مرتـاحين. نـاس يقولـون "لقد تغـيرت" لـيس كملاحظـة محايـدة ولكـن كاتهـام هـادئ. نـاس يقولـون "لا تـنسَ مـن أيـن أتيـت" عنـدما يكـون مـا يعنونـه حقـاً هـو "لا تتجاوز النسخة منك التي أنا معتاد عليها".

أنظمـة الـدعم يجـب أن تُختـار وليـس فقـط أن تُـورث. أنـت لا تسـتطيع دائمـاً اختيـار عائلتـك. أنـت لا تسـتطيع دائمـاً اختيـار زملائـك في العمـل. أنـت لا تسـتطيع دائمـاً اختيـار النـاس الـذين يعـبرون طريقـك. لكـن يمكنـك اختيـار مـن تثـق بـه. يمكنـك اختيـار آراء مـن تعطيهـا وزنـاً. يمكنـك اختيـار أصـوات مـن تسـمح لهـا بتشـكيل قصتـك الداخليـة. يمكنـك اختيـار من يحصل على وصول إلى أحلامك.

هناك لحظة في حياة كل بنّاء عندما يدركون أنه ليس الجميع يمكن دعوته إلى الدائرة الداخلية لنموهم. ليس لأن الآخرين سيئون ولكن لأن ليس الجميع متوافق. بعض الناس أفضل ملاءمة لأدوار أخرى في حياتك رفقاء في الراحة شركاء في الضحك شهود على تاريخك. إنهم لا يجب أن يكونوا نظام دعمك في البناء. وذلك على ما يرام.

قوة أنظمة الدعم ليست فقط في ما تعطيك ولكن في ما تذكرك به أنك لست مقصوداً لحمل كل شيء لوحدك. أن طلب المساعدة ليس اعترافاً بالضعف ولكنه فعل حكمة. أن السماح لشخص ما برؤيتك في وسط العملية ليس فقط في النهاية هو فعل شجاعة.

هناك نوع خاص من الارتياح يأتي عندما تقول أخيراً بصوت عالٍ ما كنت تحاول إدارته في صمت. "أنا متعب." "أنا خائف." "أنا لا أعرف ما أفعله." "أشعر بأنني أريد الاستسلام." عندما يُقابل هذه الكلمات ليس بحكم ولكن بفهم فإن شيئاً فيك يرتخي. العبء لا يختفي ولكنه يصبح قابلاً للمشاركة. أنت لم تعد تحمله في الظلام.

أنظمة الدعم تساعدك أيضاً على رؤية نفسك بوضوح أكبر. عندما تكون لوحدك مع أفكارك فمن السهل تشويه انعكاسك الخاص. قد تقلل من تقدمك تُبالغ في إخفاقاتك تتجاهل قواك وتُركز بشكل مفرط على نقاط ضعفك. لكن شخصاً يراك من الخارج غالباً ما يرى أشياء لا تستطيع رؤيتها. هم يستطيعون الإشارة إلى أنماط فاتتك. هم يستطيعون تذكيرك بمدى ما وصلت إليه. هم يستطيعون تحدي القصص التي ترويها لنفسك عندما تكون تلك القصص صغيرة جداً.


أحياناً يكون الدعم الأقوى ليس شخصاً يخبرك بما يجب فعله ولكن شخصاً يرفض الإيمان بأسوأ نسخة من قصتك. شخص يسمعك تقول "لا أستطيع" ويسأل بلطف "هل هذا صحيح أم أن هذا الخوف يتكلم؟" شخص يسمعك تقول "أنا دائماً أفسد هذا" ويذكرك بالأوقات التي لم تفعل فيها. شخص يسمعك تقول "أنا لست ذلك النوع من الشخص" ويقول "أنت تصبح ذلك النوع من الشخص".

قوة أنظمة الدعم ليست أنها تفعل العمل لك. إنها لا تفعل. إنها لا تستطيع. العمل لا يزال ملكك. القرارات لا تزال ملكك. الخطوات لا تزال ملكك. لكن أنظمة الدعم تغير المناخ العاطفي الذي تعمل فيه. إنها تحول كفاحاً منفرداً إلى رحلة مشتركة. إنها تحول عبئاً خاصاً إلى جهد جماعي. إنها تحول أملاً هشاً إلى التزام معزز.

قد تكون قد مضيت وقتاً طويلاً بدون طلب الدعم. قد تكون قد تعلمت أن تكون مكتفياً ذاتياً بدافع الضرورة. قد تكون قد تعلمت أن الضعف خطير وأن الاعتماد مخجل وأن القوة تعني الصمت. لكن هناك طريقة أخرى للعيش. طريقة يكون فيها القوة تشمل الشجاعة لقول "أحتاج مساعدة هنا." طريقة يكون فيها الاستقلال يشمل الحكمة لقول "لا أستطيع رؤية هذا بوضوح لوحدي." طريقة يكون فيها المرونة تشمل التواضع لقول "لا أريد حمل هذا لوحدي بعد الآن."

الحياة التي تبنيها لا تزال ستتطلب جهدك وانضباطك واختياراتك. لكنها لا يجب أن تتطلب عزلتك.

أنــت مســموح لــك أن تُــدعم. أنت مســموح لــك أن تُشـجع. أنت مسموح لك أن تُتحدى. أنت مسموح لك أن تُرى.

لا أحـد يبنـي لوحـده. السـؤال لـيس مـا إذا كنـت سـتتأثر ولكـن بمـن. لـيس مـا إذا كنت سـتُدعم ولكـن مـا إذا كـان الـدعم حولـك سيسحبك نحو مستقبلك أو يبقيك مثبتاً إلى ماضيك.

أنـت لسـت ضـعيفاً لأنـك تحتـاج الآخـرين. أنـت حكـيم لأنـك تختارهم جيداً.

# الفصل 12

## انضباط التركيز

يـأتي نقطة في رحلة كـل شخص حيـث لم يعد التحدي يتعلق بالبـدء لم يعد يتعلق ببنـاء الـزخم لم يعد يتعلق بالبقاء متسـقاً ولم يعد يتعلق بتشكيل البيئة حولهم. يصبح التحدي شـيئاً أهـداً شـيئاً أكـثر داخليـة شـيئاً لا يمكن حله بالجهـد وحـده. إنـه يصبح مسألة تركيـز. لـيس النـوع مـن التركيز الـذي يظهـر في انفجـارات قصيـرة عنـدما تشـعر بالإلهـام ولكـن النـوع مـن التركيـز الـذي يجب أن يُـزرع ويُحمـى ويُـدافع عنـه ضـد السحب المستمر للعالم حولك.

التركيــز لـيس ببسـاطة القـدرة عـلى الانتبـاه. إنـه القـدرة عـلى توجيـه انتباهـك نحـو مـا يهـم والحفـاظ عليـه هنـاك لفـترة كافيـة حتـى يحـدث شيء ذو معنـى. إنـه القـدرة عـلى مقاومـة سـحب كـل شيء عاجـل ولكنـه غـير مهـم. إنـه القـدرة عـلى قـول لا للضـجيج حتـى عنـدما يكـون الضجيج مغريـاً. إنـه القـدرة

على اختيار العمق على التشتيت والوضوح على الفوضى والنية على الاندفاع. التركيز ليس لحظة. إنه انضباط.

معظم الناس لا يدركون أبداً كم من إمكانياتهم يضيع ليس لأنهم يفتقرون إلى الموهبة أو الرغبة ولكن لأن انتباههم مشتت. هم ينتقلون من فكرة إلى أخرى من مهمة إلى أخرى من اندفاع إلى آخر أبداً لا يبقون مع أي شيء لفترة كافية لرؤية ما يمكن أن يصبح. هم يخلطون بين النشاط والتقدم. هم يخلطون بين الحركة والاتجاه. هم يخلطون بين كونهم مشغولين وبين كونهم فعالين. وبسبب أن العالم يكافئ الانشغال بشكل أكثر وضوحاً مما يكافئ العمق فإنهم غالباً لا يلاحظون التكلفة حتى تمر سنوات.

انضباط التركيز يبدأ بفهم أن الانتباه هو مورد محدود. أنت لا تستطيع إعطاءه لكل شيء. أنت لا تستطيع تمديده عبر التزامات لا نهائية وتشتيتات لا نهائية ومطالب لا نهائية ولا تزال تتوقع بناء شيء ذي معنى. كل مرة تقسم فيها انتباهك فإنك تضعف قدرتك على إحراز تقدم. كل مرة تسمح لنفسك بالسحب في اتجاهات متعددة فإنك تخفف

جهـدك. كـل مـرة تقـول فيهـا نعـم لشيء لا يهـم فإنـك تقول لا
لشيء يهم.

هنـاك حقيقـة هادئـة يتجنبهـا كثير مـن النـاس أنت لا
تستطيع العيش حيـاة مركـزة بـدون إحبـاط شخص مـا. أنت لا
تستطيع مطـاردة شيء بعمـق بـدون التخلي عـن شيء آخـر.
أنـت لا تستطيع إعطـاء أفضـل مـا لـديك لمـا يهـم أكـثر إذا كنت
باسـتمرار تعطـي قطعـاً مـن نفسـك لكـل شيء يطلـب وقتـك.
التركيـز يتطلـب تضـحية. لـيس تضـحية دراماتيكيـة ولكـن
تضـحية ثابتـة متعمـدة. تضـحية التشـتيتات. تضـحية
الالتزامـات غـير الضـرورية. تضـحية محاولـة إرضـاء الجميـع.
تضحية محاولة فعل كل شيء دفعة واحدة.

هنـاك لحظـة في حيـاة كـل بنّـاء عنـدما يـدركون أن أكـبر
تهديـد لتقـدمهم لـيس الفشـل ولكـن التخفيـف. لـيس العقبـات
أمـامهم ولكـن التشـتيتات حـولهم. لـيس صعوبة العمـل ولكـن
صعوبة البقـاء مـع العمـل لفـترة كافيـة حتـى يهـم. التركيـز هـو
الانضـباط الـذي يحمـي جهـدك مـن أن يتنـاثر عـبر اتجاهـات
كثيرة جداً.

اعتبر شخصاً يريد كتابة كتاب. هم قد يكون لديهم المهارة. هم قد يكون لديهم الرغبة. هم قد يكون لديهم حتى الوقت. لكن إذا كان انتباههم يُسحب باستمرار نحو الإشعارات والمحادثات والالتزامات والاندفاعات فإن الكتاب سيبقى غير مكتوب. ليس لأنهم غير قادرين ولكن لأن انتباههم لم يُسمح له أبداً بالاستقرار. الكتابة تتطلب غمر. إنها تتطلب فترات طويلة من الفكر غير المتقطع. إنها تتطلب القدرة على البقاء مع فكرة لفترة كافية حتى تتكشف. بدون تركيز يبقى الكتاب حلماً.

أو اعتبر شخصاً يريد بناء عمل. هم قد يكون لديهم فكرة قوية. هم قد يكون لديهم الدافع. هم قد يكون لديهم الموارد. لكن إذا كانوا يغيرون الاستراتيجيات باستمرار يطاردون اتجاهات جديدة باستمرار يتفاعلون مع كل محفز خارجي باستمرار فإنهم لن يبنوا أبداً الأساس المطلوب لنمو العمل. الأعمال لا تُبنى من خلال جهد مشتت. إنها تُبنى من خلال تركيز مستمر على اتجاه واضح.

التركيز ليس عن الكثافة. إنه عن الوضوح. إنه عن معرفة ما يهم وإعطائه الانتباه الذي يستحقه.

هنــاك سـبب يشـعر بــه النــاس بالإرهــاق الـذهني حتـى عنــدما لم يفعلـوا أي شيء ذي معنــى. انتبــاههم كــان قـد سُحب في مئـة اتجـاه. هـم قضوا اليـوم يتفــاعلون بـدلاً مـن الاختيــار. هـم سـمحوا لعقلهـم بـأن يمتلـئ بالضجيج بـدلاً مـن النيـة. هـم أعطـوا انتبــاههم بعيـداً في قطـع صغيرة حتـى لم يبـقَ شيء لمـا يهـم حقـاً. التركيـز ليس فقـط عـن مـا تـدفع انتباهـك إليـه. إنـه عن ما ترفض أن تدفع انتباهك إليه.

نضـباط التركيـز يتطلـب حـدوداً. حـدود مـع النــاس. حـدود مـع التكنولوجيـا. حـدود مـع انـدفاعاتك الخاصـة. حـدود مـع الجـزء منـك الـذي يريـد تجنب عـدم الراحـة عـن طريـق البحـث عـن تشـتيت. الحـدود ليسـت جدرانـاً. إنهـا مرشـحات. إنهـا تسـمح بـدخول مـا يـدعم اتجاهـك وتبقـي خارجـاً مـا يسحبك بعيداً عنه.

هنــاك نـوع خــاص مـن الشـجاعة مطلـوب لحمايـة تركيـزك. الشـجاعة لقـول لا عنـدما يكـون مـن الأسـهل قـول نعـم. الشـجاعة للابتعـاد عـن الضجيج حتـى عنـدما يكـون الضجيج ممتعـاً. الشـجاعة لاختيـار التقـدم طويـل الأمـد علـى التحفيـز قصيـر الأمـد. الشـجاعة للجلـوس مـع الملـل مـع عـدم الراحـة مـع عـدم اليقـين بـدون الوصـول إلى شيء لتشـتيتك. التركيـز ليـس

مريحاً. إنه ليس بدون جهد. إنه ليس تلقائياً. إنه انضباط يجب أن يُمارس.

هناك لحظة في حياة كل شخص مركز عندما يدرك أن العالم ليس مصمماً لدعم تركيزه. العالم مصمم لالتقاط انتباهه. كل منصة كل إشعار كل إعلان كل قطعة محتوى مصممة لسحبه بعيداً عن عمله. التركيز ليس الافتراضي. التشتيت هو. وبسبب أن التشتيت دائماً متاح دائماً سهل دائماً مغري فإن التركيز يجب أن يُختار عمداً.

انضباط التركيز يتطلب أيضاً فهم أنماطك الخاصة. يجب عليك أن تتعلم متى يكون عقلك حاداً ومتى يكون باهتاً. يجب عليك أن تتعلم ما البيئات التي تدعم تركيزك وأيها تقوضه. يجب عليك أن تتعلم ما الذي يحفز تشتيتك وما الذي يقوي انتباهك. يجب عليك أن تتعلم كم من الوقت تستطيع العمل بعمق قبل أن يحتاج عقلك إلى راحة. التركيز ليس فقط عن الجهد. إنه عن الوعي الذاتي.

هنـــاك إيقـاع للتركيـــز. إنه لـيس ثابتـاً. إنه ينحسـر ويجـري. إنـه يتطلب فـترات مـن العمـل العميـق يتبعهـا فـترات مـن الراحـة. إنـه يتطلب غمـر يتبعـه تعافٍ. إنه يتطلب كثافة يتبعهـا هـدوء. النـاس الـذين يحـاولون التركيـز بـلا نهايـة بـدون راحـة يحترقـون في النهايـة. النـاس الـذين يسـتريحون بـلا نهايـة بـدون تركيـز لا يبنـون أي شيء أبـداً. الانضـباط يكمـن في تـوازن الاثنين.

تخيـل شخصـاً أراد تعلـم مهـارة صعبة. هـو مارس كـل يـوم ولكـن تقدمـه كـان بطيئـاً. في يـوم مـا قـرر إزالـة كـل تشتيت مـن بيئتـه. هـو أطفـأ هاتفـه. هـو نظـف مسـاحة عملـه. هـو ضبـط مؤقتـاً. لأول مـرة سـمح لنفسـه بـالتركيز بعمـق بـدون مقاطعـة. في تلـك الجلسـة الواحـدة أحـرز تقـدماً أكـثر مـما أحـرزه في أسـابيع. لـيس لأنـه عمـل بجهـد أكـبر ولكـن لأنـه عمـل بـدون تشتيت. الفرق لم يكن الجهد. إنه كان التركيز.

التركيـز هـو مضـاعف. إنـه يأخـذ نفـس مقـدار الجهـد ويجعلـه أكـثر فعاليـة. إنـه يأخـذ نفـس مقـدار الوقـت ويجعلـه أكـثر إنتاجيـة. إنـه يأخـذ نفـس مقـدار الطاقـة ويوجهـه نحـو

شيء ذي معنــى. بــدون تركيــز يصبح الجهـد مشــتتاً. مـع التركيــز يصبح الجهد مُكبّراً.

انضــباط التركيــز يتطلـب أيضــاً اختيــار أهـداف أقـل. ليـس لأنـك تفتقــر إلى الطمــوح ولكـن لأنـك تفهـم أن العمـق يتطلـب تركيــزاً. أنـت لا تسـتطيع إتقـان كـل شيء. أنـت لا تسـتطيع مطـاردة كـل فكـرة. أنـت لا تسـتطيع مطـاردة كـل فرصـة. يجـب عليــك أن تختـار مـا يهـم أكـثر وتعطيـه الانتبـاه الـذي يسـتحقه. التركيز ليس عن الحد من إمكانياتك. إنه عن توجيهها.

هنــاك ثقــة هادئــة تنمــو في النــاس الـذين يتعلمــون التركيــز. هـم لم يعـودوا يشـعرون بالسـحب في كـل اتجـاه. هـم لم يعــودوا يشـعرون بالإرهـاق مـن الاختيـارات اللانهائيـة. هـم لم يعــودوا يشـعرون بالتشـتت أو الاسـتنزاف. هـم يشـعرون بالرسـوخ. هـم يشـعرون بالوضـوح. هـم يشـعرون بالثبـات. هـم يعرفــون مـا يعملــون نحـوه وهـم يعرفـون لمـاذا. التركيز يعطيهم إحساساً بالاتجاه لا يمكن أن يهزه الضجيج.

انضـباط التركيــز ليـس شـيئاً تتقنـه مـرة واحـدة. إنـه شيء تمارسـه يوميـاً. إنـه خيـار تتخـذه مـرة بعـد مـرة. إنـه التـزام

بنفسـك المسـتقبلية. إنـه رفـض للسـماح للعالـم بـأن يقـرر كيـف تقضي انتباهك. إنه إعلان بأن وقتك وطاقتك وعقلك قيمة.

سـيكون هنـاك دائمـاً تشـتيتات. سـيكون هنـاك دائمـاً ضـجيج. سـيكون هنـاك دائمـاً مطالـب علـى انتباهـك. لكنـك لسـت عاجـزاً. يمكنـك اختيـار مـا تعطـي عقلـك إيـاه. يمكنـك اختيـار مـا تسـمح بدخولـه إلى مسـاحتك. يمكنـك اختيـار مـا تسمح له بتشكيل يومك.

التركيـز ليـس موهبـة. إنـه انضـباط. وانضـباط التركيـز هـو واحـد مـن أقـوى القـوى التـي يمكنـك إحضارهـا إلى حياتـك. إنـه الفـرق بـين الجهـد المشـتت والتقـدم ذي المعنـى. إنـه الفـرق بـين الانجـراف والبنـاء. إنـه الفـرق بـين حيـاة مليئـة بالضـجيج وحياة مليئة بالغرض.

عنـدما تـتعلم التركيـز فإنـك لا تغيـر فقـط مـا تنجـزه. أنـت تغيـر من أنت.

# الفصل 13

## إيقاع الراحة والتجديد

هنــاك نقطــة في كــل سـعي جـدي حيــث يتوقـف الجهـد لوحـده عـن العمـل. ليـس لأن الجهـد غـير مهـم ولكـن لأن الجهـد بـدون إيقـاع يتحـول في النهايـة ضـدك. في البدايـة يبـدو دفـع أقـوى نبـيلاً. أنـت تبقـى مستيقظاً لاحقـاً تستيقظ أبكـر تضغط المزيد في كـل يـوم تقطـع أي شيء يبـدو كسـكون. أنـت تقول لنفسك إن هـذا هـو مـا يبـدو عليـه الالتـزام. أنـت تقـول لنفسك إن هـذا هـو ثمـن التقـدم. أنـت تقـول لنفسك إنـك ستتباطأ لاحقـاً بمجـرد أن تصـبح الأمـور مسـتقرة بمجـرد أن تصـل بمجـرد أن يخـف الضـغط. لكـن "لاحقـاً" يسـتمر في التحـرك وفي مكـان مـا عـلى طـول الطريـق تبـدأ في ملاحظـة أنـك لسـت فقـط متعبـاً أنـت مستنزف بطريقة لا يصلحها النوم لوحده.

معظـم النـاس يُعلّمـون كيـف يعملـون. القليـل جـداً يُعلّمـون كيـف يسـتريحون. الراحـة غالبـاً مـا تُصـوّر كمكافـأة شيء تكسـبه بعـد أن تكـون قـد فعلـت مـا يكفـي. إنها تُعامـل كرفاهيـة شيء تُـدلل فيـه عندما ينتهي كـل شيء آخـر. إنها تُـرى

كتوقـف عـن الحيـاة وليـس جزءاً منهـا. في ذلـك الإطار تصبح الراحـة شـيئاً تشـعر بالـذنب تجاهـه. إذا توقفت فإنك تشـعر بأنـك تتخلـف. إذا تباطـأت فإنـك تشـعر بأنـك تفقـد حافـزك. إذا أخـذت اسـتراحة فإنـك تشـعر بأنـك تخـون طموحـك. لـذا أنت تسـتمر في التقـدم. أنـت تتجـاوز الإشـارات. أنـت تتجاهـل التعب. أنت تدفع من خلاله.

لفـترة مـن الوقـت يعمـل هـذا. الأدرينـالين يمكنـه أن يحملـك. المواعيـد النهائيـة يمكـن أن تحملـك. الضـغط يمكـن أن يحملـك. لكـن هنـاك تكلفـة. العقـل لـيس مصـمماً للإجهاد المسـتمر. الجسـم لـيس مصـمماً للإنتـاج اللانهـائي. القلـب لـيس مصـمماً للعيـش في حالـة إلحـاح دائـم. عنـدما تتجاهـل الحاجـة إلى الراحـة فإنـك لا تصبـح فقـط متعبـاً. أنـت تصبـح أقـل نفسـك. صـبرك يـرق. إبـداعك يبهـت. منظـورك يضيق. ردود أفعالـك تشـتد. أنـت تبـدأ في التحـرك عـبر الحياة في وضـع البقاء حتى عندما لا يوجد شيء يهددك فعلياً.

هنـاك فـرق بـين كونـك متعبـاً مـن جهـد ذي معنـى وكونـك مسـتنزفاً مـن جهـد سيء الإدارة. التعـب يمكـن

استعادته بـالنوم بمسـاء هـادئ بيـوم مـن الخفـة. الاستنزاف يسـتمر. إنـه يظهـر كنمـوس كلامبـالاة كإحسـاس بـأن لا شيء يثيـرك بعـد الآن. إنـه يظهـر كفقـدان الفـرح في الأشـياء نفسـها التـي كنـت تهتـم بهـا بعمـق ذات مـرة. إنـه يظهـر كاسـتياء هـادئ تجـاه العمـل الـذي اخترتـه. إنـه يظهـر كرغبـة في الهـروب بدلاً من رغبة في الاستمرار.



إيقـاع الراحـة والتجديـد ليـس عـن فعـل أقـل مـن أجـل الراحـة. إنـه عـن فعـل مـا تفعلـه بطريقـة يمكـن أن تـدوم. إنـه عـن فهـم أن النمـو ليـس خطـاً مسـتقيماً إلى الأعلى ولكنـه سلسـلة مـن الـدورات الجهـد والتعـافي الـدفع والتوقـف الاشـتباك والتراجـع. إنـه عـن الاعتـراف بـأن الراحـة ليسـت عكـس العمـل. إنهـا الشـريك للعمـل. إنهـا مـا يسـمح للعمـل بالبقـاء حاداً ذا معنى وقابلاً للاستمرار.



فكـر في ريـاضي يتـدرب بـدون راحـة. في البدايـة يتحسـن أداؤه. قوتـه تـزداد. تحملـه ينمـو. لكـن إذا استمر في التـدريب بشـدة بـدون تعـافٍ فـإن جسـمه يبـدأ في الانهيـار. الإصـابات تظهـر. التعـب يـتراكم. الأداء يـنخفض. الشيـء نفسـه الـذي

يعملـون مـن أجلـه التحسـن يُقـوض بواسـطة الطريقـة التـي يعملـون بهـا. الحـل لـيس الـتخلي عـن التـدريب. إنـه احـترام إيقاع التدريب والتعافي.

نفـس المبـدأ ينطبـق عـلى العمـل الـذهني والعـاطفي. أنـت لا تسـتطيع التفكـير بعمـق حـل المشـكلات المعقـدة خلـق عمـل ذي معنـى أو حمـل مسـؤوليات ثقيلـة إلى مـا لا نهايـة بـدون التراجـع. العقـل يحتـاج مسـاحة. إنـه يحتـاج لحظـات يكـون فيهـا لـيس يعالـج لـيس يخطـط لـيس يتفاعـل. في تلـك المسـاحات يحـدث شيء مهـم. الأفكـار تسـتقر. العواطـف تتحلـل. المنظـور يعـود. مـا شعـر بأنـه ساحق يصبح قـابلاً لـلإدارة. مـا شعـر بأنـه مربـك يصبح أوضـح. مـا شعـر بأنـه ثقيـل يصبح أخف.

كثـير مـن النـاس يفهمـون الراحـة خطـأ لأنهـم يخلطـون بينهـا وبـين الهـروب. الهـروب هـو عنـدما تهـرب مـن حياتـك. الراحـة هـي عنـدما تعـود إليهـا بقـوة أكبـر. الهـروب يخـدرك. الراحـة تسـتعيدك. الهـروب يتركـك تشـعر بأنـك أكـثر فراغـاً بعـد ذلـك. الراحـة تتركـك تشـعر بأنـك أكـثر رسـوخاً. الفـرق لـيس دائمـاً

في النشاط نفسه ولكن في النية خلفه وفي الطريقة التي تتعامل بها معه. يمكنك التمرير بلا نهاية عبر التشتيتات وتسميه راحة ولكن إذا انتهيت تشعر بأنك أكثر تشتتاً أكثر قلقاً أكثر انفصالاً فإنه لم يكن راحة. يمكنك أن تأخذ نزهة تجلس في صمت تقرأ شيئاً يغذيك تتحدث مع شخص يهدئك وتشعر بعالمك الداخلي يستقر. ذلك هو التجديد.

إيقاع الراحة والتجديد شخصي بعمق. ما يستعيد شخصاً قد لا يستعيد آخر. بعض الناس يجدون التجديد في الوحدة. آخرون يجدونه في المحادثة. بعض يجدونه في الطبيعة. آخرون يجدونه في الفن في الموسيقى في الصلاة في التأمل. المفتاح ليس نسخ إيقاع شخص آخر ولكن اكتشاف إيقاعك الخاص. أن تدفع الانتباه إلى ما يتركك تشعر بأنك أكثر حيوية أكثر وضوحاً أكثر ثباتاً. أن تلاحظ ما يستنزفك وما يملأك. أن تكون صادقاً عن الفرق.

هناك نضج هادئ في شخص تعلم أن يستريح بدون ذنب. هم لم يعودوا يرون الراحة كعلامة على الضعف. إنهم يرونها كجزء من مسؤوليتهم. هم يفهمون أنه إذا أرادوا الحضور بشكل كامل لعملهم لعلاقاتهم لالتزاماتهم فإنهم لا يستطيعون إرهاق أنفسهم إلى الأرض. هم يفهمون أن

الإرهـاق لا يجعلهـم أكـثر نبـلاً. إنه يجعلهـم أقـل فعاليـة. هـم يفهمون أن الاحتراق لا يثبت تفانيهم. إنه يثبت إهمالهم.

الاحـتراق لـيس دائمـاً دراماتيكيـاً. أحيانـاً يـبدو كانهيـار. أحيانـاً يـبدو كشخص يبتعـد عـن كـل شيء بناه. لكنـه غالبـاً مـا يكـون أهـدأ. إنـه يـبدو كشخص يستمر في التقدم ولكنـه مـع أقـل وأقـل مـن نفسـه. هـم حاضرون ولكنهم ليسوا هناك حقـاً. هـم يعملـون ولكنهم ليسوا مزدهـرين. هـم يفعلـون مـا كانوا يفعلونـه دائمـاً ولكـن الضـوء في عيـونهم قـد خفـت. هـم ليسوا كسولين. هم ليسوا غير ممتنين. هم مستنزفون.

إيقـاع الراحـة والتجديـد هـو طريقـة لتكريـم حـدودك بـدون الاستسـلام لطموحـك. إنـه طريقـة لقـول "أريـد أن أذهب بعيـداً لـذا لـن أتظـاهر بـأنني أستطيع الجـري بـدون توقـف." إنـه طريقـة للاعـتراف بأنـك لسـت آلـة. أنـت شخص لديـه جهـاز عصبي ولديـه عواطـف ولديـه جسـم يحمـل ثقـل أيامـك. إنـه طريقـة لمعاملـة نفسـك لـيس كـأداة تستخدم حتـى تنفد ولكن كوصي على الحياة التي أعطيت لك.

هناك سوء فهم بأن الراحة تبطئك. في الواقع النوع الصحيح من الراحة يسرعك في الطرق التي تهم. عقل مرتاح يحل المشكلات أسرع. قلب مرتاح يستجيب بصبر أكثر. جسم مرتاح يتحرك بقوة أكثر. شخص مرتاح يتخذ قرارات أفضل. هم أقل تفاعلاً أقل اندفاعاً أقل احتمالاً لخلق مشكلات غير ضرورية من خلال اختيارات مدفوعة بالتعب. الراحة لا تأخذك بعيداً عن أهدافك. إنها تعدك لمطاردتها بفعالية أكثر.

إيقاع الراحة والتجديد يحمي علاقاتك أيضاً. عندما تكون مستنزفاً باستمرار فإن الناس الأقرب إليك غالباً ما يتلقون أسوأ ما فيك. صبرك أقصر. نبرتك أحد. حضورك أرفع. قد لا تنوي أن تكون بعيداً أو سريع الغضب ولكن الاستنزاف له طريقة في التسرب. عندما تكون مرتاحاً فإن لديك المزيد لتعطيه. ليس فقط لعملك ولكن للناس الذين يهمون أكثر.

هناك سؤال بسيط ولكنه عميق يمكن أن يكشف الكثير عن علاقتك بالراحة "هل أشعر بأنني يجب أن أكسبه؟" إذا كانت إجابتك نعم فإنك ستكون دائماً عرضة للحرمان من نفسك ما تحتاجه. لأن العتبة لـ "كفاية"

ستستمر في التحرك. سيكون هناك دائماً المزيد لفعله المزيد لإصلاحه المزيد لبنائه. إذا كانت الراحة شيئاً تسمح لنفسك به فقط عندما ينتهي كل شيء فإنك ستستريح نادراً. عمل الحياة لم ينته أبداً بالكامل. الراحة لا يمكن أن تكون مكافأة تعطيها لنفسك في النهاية. يجب أن تكون إيقاعاً تبنيه في الوسط.

هذا لا يعني التخلي عن المسؤولية. إنه يعني التخطيط للاستدامة. إنه يعني تنظيم أيامك وأسابيعك ومواسمك بفهم أنك ستحتاج وقتاً للتراجع. إنه يعني الاعتراف بأنه ستكون هناك فترات من الجهد الشديد ويجب أن تتبع تلك الفترات فترات من التعافي المتعمد. إنه يعني قبول أنك لا تستطيع أن تكون في ذروتك طوال الوقت وأنك لا تحتاج إلى أن تكون.

هناك قوة هادئة في شخص يستطيع أن يقول "أنا ذاهب للتوقف الآن" حتى عندما يكون هناك المزيد يمكنه فعله. ليس لأنهم غير مبالين ولكن لأنهم حكماء. هم يعرفون أن الدفع وراء نقطة معينة لن ينتج عملاً أفضل. إنه سيَنتج عملاً أسوأ. هم يعرفون أن حكمهم ينخفض عندما

يكونــون مسـتنزفين. هــم يعرفــون أن إبــداعهم يـتقلص عنــدما يكونــون محملــين زيــادة. هــم يعرفــون أن مــرونتهم تضــعف عندما لا يتراجعون أبداً.

إيقـاع الراحـة والتجديــد لـيس يوميـاً فقـط. إنـه أيضـاً موسـمي. سـيكون هنـاك أوقـات في حياتـك عنـدما تكـون المطالـب أعـلى عنـدما يكـون الإيقـاع أسرع عنـدما يكـون الحمـل أثقـل. في تلـك المواسـم قـد تبـدو الراحـة مختلفـة. قـد تكـون أقصر ـ أكـثر تعمـداً أكـثر حمايـة شرسـة. سـيكون هنـاك مواسـم أخـرى عنـدما يكـون الإيقـاع أبطـأ عنـدما يكـون هنـاك مسـاحة أكـثر. في تلـك المواسـم قـد تكـون قـادراً عـلى التراجـع بشكل أكـثر كـمالاً للتأمـل لإعـادة الضـبط للشـفاء. المفتـاح لـيس توقـع أن تبـدو كـل موسـم نفـس الشيـء ولكـن البقـاء ملتزمـاً بمبـدأ الإيقاع.

التجديــد أعمـق مـن الراحـة. الراحـة عـن التوقـف. التجديـد عـن أن تُسـتعاد. الراحـة يمكـن أن تكـون سـلبية. التجديـد نشـط. إنـه العمليـة للانخـراط في مـا يعيـدك إلى نفسـك. إنـه العمليـة لإعـادة الاتصـال بسـبب مـا بـدأت في المقـام

الأول. إنـه العمليـة لتـذكر أن قيمتـك لا تُقـاس بإنتاجـك. إنـه العملية للسماح لعالمك الداخلي باللحاق بحياتك الخارجية.

أحيانـاً يـأتي التجديـد مـن خـلال السـكون. أحيانـاً يـأتي مـن خـلال التغيـر. تغيـير في المنظـر. تغيـير في الـروتين. تغيـير في الإيقـاع. أحيانـاً تحتـاج إلى التراجـع عـن بيئتـك المعتـادة لرؤيـة حياتـك بوضـوح أكـبر. أحيانـاً تحتـاج إلى مقاطعـة أنماطـك لملاحظـة أيهـا تخـدمك وأيهـا تسـتنزفك. التجديـد غالبـاً يتطلـب مسـافة لـيس للهـروب مـن حياتـك ولكـن لرؤيتهـا مـن زاويـة مختلفة.

هنـاك لحظـة غالبـاً مـا تكـون خفيـة عندمـا تسـتطيع الشـعور بـأن التجديـد يبـدأ. أفكـارك تصبـح أقـل هلعـاً. تنفسـك يبطـئ. كتفـاك ينخفضـان. عقلـك يتوقـف عـن السـباق إلى الأمـام نحـو الشيـء التـالي ويسـتقر في اللحظـة الحـاضرة. أنـت تبـدأ في الشـعور بإحسـاس هـادئ بالمسـاحة داخلـك كـأن شخصـاً مـا فتـح نافـذة في غرفـة مزدحمـة. تلـك المسـاحة هـي حيـث يعـود الوضوح. تلـك المسـاحة هـي حيـث تعـود الامتنان.

تلـك المسـاحة هـي حيـث تتـذكر أنـك لسـت فقـط منتجـاً
للنتائج ولكن شخصاً يعيش حياة.

إيقـاع الراحـة والتجديـد ليـس تقنيـة. إنـه طريقـة
للتعامـل مـع نفسـك. إنـه قـرار بمعاملـة طاقتـك كشيء يجـب
إدارتـه وليـس استغلاله. إنـه قـرار برؤيـة حـدودك ليـس كعيـوب
ولكـن كإشـارات. إنـه قـرار ببنـاء حيـاة تسـتطيع أن تسـكنها
بشكل كامل وليس فقط تتحملها.

قـد تكـون قـد مضيـت سـنوات بـدون تكـريم هـذا
الإيقـاع. قـد تكـون قـد تعلمـت أن تسـاوي الإرهـاق بالفضيـلة.
قـد تكـون قـد تـم مـدحك عـلى كـم تسـتطيع حملـه كـم تسـتطيع
التعامـل معـه كـم تسـتطيع الـدفع مـن خلالـه. قـد تكـون قـد
بنيـت هويـة كاملـة حـول كونـك الشـخص الـذي لا يتوقـف أبـداً.
لكـن هنـاك طريقـة أخـرى للعيـش. طريقـة حيـث لا تـزال تعمـل
بجـد لا تـزال تهتـم بعمـق لا تـزال تطـارد مـا يهـم ولكنـك تفعـل
ذلك بطريقة تسمح لك بالاستمرار.

الحياة التي تبنيها ليست سباقاً سريعاً. إنها ليست موسم واحد. إنها ليست مشروعاً قصيراً. إنها قصة طويلة متكشفة. وفي أي قصة طويلة فإن ما يهم ليس كم بشدة تتحرك في فصل واحد ولكن ما إذا كنت لا تزال قادراً على الحركة في الفصول التي تلي.

الراحة ليست عدو التقدم. إنها الحارس له.

# الفصل 14

## الشجاعة للاستمرار

هناك جزء من الرحلة يكاد لا أحد يتحدث عنه عندما يصفون النجاح. الناس يتحدثون عن البداية عندما يكون كل شيء جديداً ومثيراً. هم يتحدثون عن الاختراق عندما تصبح النتائج مرئية أخيراً. هم يتحدثون عن اللحظة التي يجتمع فيها كل شيء. لكنهم نادراً ما يتحدثون عن الامتداد الطويل الهادئ في الوسط الجزء الذي تكون قد بدأت فيه بالفعل التزمت فيه بالفعل استثمرت فيه بالفعل ومع ذلك خط النهاية ليس في الأفق في أي مكان. الجزء الذي تلاشى فيه الإثارة الأولية الذي تلاشى فيه الجديد وبقي فيه الواقع البسيط غير الجذاب للاستمرار.

الاستمرار يبدو بسيطاً. نظرياً إنه مجرد فعل عدم التوقف. لكن في الممارسة إنه واحد من أصعب الأشياء التي يمكن لشخص أن يفعلها. لأن الاستمرار ليس فقط عن الوقت. إنه عن مواجهة الأيام عندما تكون متعباً عندما تكون محبطاً عندما تكون غير متأكد ما إذا كان أي من هذا سيعمل واختيار الحركة على أي حال. إنه عن الاستيقاظ على

التحديات نفسها الشكوك نفسها التقدم البطيء نفسه وقرار أن العمل لا يزال يستحق القيام به. إنه عن البقاء عندما يكون الرحيل أسهل.

هناك شجاعة هادئة في شخص يستمر. ليست الشجاعة العالية الصوت الدراماتيكية لإيماءات كبيرة ولكن الشجاعة الثابتة للحضور مرة بعد مرة. الشجاعة للاستمرار في الكتابة عندما لا يقرأ أحد. الشجاعة للاستمرار في التدريب عندما لا يشاهد أحد. الشجاعة للاستمرار في البناء عندما لا يصفق أحد. الشجاعة للاستمرار في الاعتقاد عندما لا يوجد بعد دليل كثير لتبرير ذلك الاعتقاد.

في بداية أي سعي تبدو الشجاعة كالبدء. إنها تبدو كاتخاذ الخطوة الأولى مخاطرة بالإحراج مخاطرة بالفشل مخاطرة بالمجهول. لكن مع مرور الوقت تتغير شكل الشجاعة. إنها تصبح أقل عن الدخول إلى شيء جديد وأكثر عن البقاء مع شيء أصبح صعباً. إنها تصبح أقل عن خوف البدء وأكثر عن تعب الاستمرار.

هناك نوع خاص من الشك يظهر في وسط الرحلة. إنه ليس الشك الحاد الفوري "هل أستطيع فعل هذا؟" الذي يظهر في البداية. إنه شك أبطأ أثقل يبدو أكثر مثل "هل هذا لا يزال يستحق؟" أنت قد استثمرت بالفعل وقتاً وطاقة وعاطفة. أنت قد قمت بالفعل بتضحيات. أنت قد تحملت بالفعل انتكاسات. ومع ذلك فإن النتيجة لا تزال غير مؤكدة. الإغراء ليس فقط التوقف. إنه إعادة كتابة القصة بطريقة تجعل التوقف يشعر بأنه حكيم. "ربما هذا لم يكن مقصوداً أن يكون." "ربما كنت أهدف عالياً جداً." "ربما هذا علامة على أنه يجب أن أفعل شيئاً آخر."

أحياناً تغيير الاتجاه هو القرار الصحيح. هناك طرق لم تعد تناسب. هناك سعيات تكشف عن نفسها بأنها غير متوافقة. هناك مواسم تنتهي. لكن هناك فرقاً بين قرار مدروس لتعديل المسار واستسلام هادئ للإحباط. الشجاعة للاستمرار تشمل الشجاعة لتكون صادقاً مع نفسك حول أي واحد منهما تواجه.

واحـد مـن الأسـباب التـي تجعـل الاسـتمرار صعباً جـداً هـو أن التقـدم نـادراً مـا يشـعر كتقـدم بينـما أنـت فيـه. أنت تـرى جهـدك عـن كثب. أنـت تـرى كـل عيـب كـل خطـأ كـل يـوم بطـيء. أنـت تـرى كـم لا يـزال أمامـك لتـذهب. مـا لا تـراه بوضـوح هـو كـم قـد وصلـت بالفعـل. العقـل سريـع في التقليـل مـن شـأن مـا هـو مـألوف. بمجـرد أن تنمـو فإن مسـتواك الحـالي يصبـح طبيعيـاً جديـداً لـك. أنـت تنسى ـ أنـه كـان هنـاك وقـت عندما كان ما تفعله الآن سيبدو مستحيلاً.

الشـجاعة للاسـتمرار غالبـاً مـا تتطلـب فعـلاً متعمـداً للتـذكر. تـذكر الأيـام عنـدما كنـت تتمنـى أن تكـون حيـث أنـت الآن. تـذكر العقبـات التـي تغلبـت عليهـا بالفعـل. تـذكر المهـارات التـي طورتهـا بالفعـل. تـذكر المخـاوف التـي واجهتهـا بالفعـل. تـذكر أن الشـخص الـذي بـدأ هـذه الرحلـة كـان أقـل استعداداً من الشخص الذي يفكر الآن في الاستسلام.

هنـاك قـوة هادئـة في التوقـف ليـس للتخلي عـن الطريـق ولكـن للاعتراف بالمسـافة التـي سُـفرت بالفعل. إنـه لا يمحـو الصـعوبة أمامـك ولكنـه يغـير الطريقـة التـي تـرى بهـا

نفسك في علاقتها بها. أنت لست شخصاً يقف في قاع الجبل متسائلاً ما إذا كان يستطيع التسلق. أنت شخص بالفعل في منتصف الطريق إلى الأعلى يقرر ما إذا كان سيستمر.

وسط الرحلة هو أيضاً المكان الذي يصبح فيه المقارنة خطراً بشكل خاص. في البداية قد تقارن نفسك بأولئك الذين هم بعيدون إلى الأمام وتشعر بالإلهام. لكن مع مرور الوقت يمكن أن يتحول المقارنة إلى مر. أنت ترى الآخرين يتحركون أسرع يحققون أكثر يتلقون اعترافاً بينما أنت لا تزال في الطحن الهادئ. أنت تبدأ في التساؤل عن إيقاعك عن طريقك عن قيمتك. أنت تنسى أن كل رحلة لها جدولها الزمني الخاص تضاريسها الخاصة معاركها الخفية الخاصة.

لشجاعة للاستمرار تشمل الشجاعة للنظر بعيداً عن الجداول الزمنية للآخرين والعودة إلى جدولك الخاص. أن تقول "هذا هو إيقاعي. هذا هو طريقي. هذا هو عملي." ليس كعذر للرضا الذاتي ولكن كرفض للسماح للمقارنة بأن تملي التزامك. أنت لست متأخراً. أنت لست مبكراً. أنت

حيــث أنــت. السؤال ليـس مـا إذا كـان شخص آخـر متقـدماً. السؤال هو ما إذا كنت لا تزال تتحرك.

ستكون هنـاك مواسـم عنـدما لا يبـدو الاسـتمرار مثيراً للإعجـاب. قـد يبـدو كفعـل الحـد الأدنى الـذي يبقيـك متصـلاً بعملـك. قـد يبـدو كأفعـال صغيرة هادئـة لا يلاحظهـا أحـد آخـر. قـد يبـدو كالحفـاظ بـدلاً مـن التقـدم. الشـجاعة للاسـتمرار ليسـت دائمـاً عـن قفـزات دراماتيكيـة. غالبـاً إنهـا عـن رفـض السماح للخيط بالانكسار.

هنـاك أيضـاً الواقـع بـأن الاسـتمرار أحيانـاً يعنـي الاسـتمرار بعـد سـقوط. ليـس فقـط بعـد يـوم بطيء ولكـن بعـد فشـل حقيقـي. مشـروع انهـار. علاقـة انتهـت. قـرار انفجـر في وجهـه. مخـاطرة لم تـنجح. في تلـك اللحظـات الإغـراء ليـس فقـط التوقـف. إنـه التراجـع إلى حيـاة أصـغر حيـث لا تخـاطر أبـداً بذلك النوع من الألم مرة أخرى.

الشـجاعة للاسـتمرار بعـد سـقوط هـي واحـدة مـن أعمـق أشـكال الشـجاعة. إنهـا الشـجاعة لمواجهـة خيبـة أملـك

الخاصة بدون السماح لها بتعريفك. إنها الشجاعة للتعلم مما حدث بدون تحويله إلى حكم دائم على من أنت. إنها الشجاعة لقول "ذلك أوجع. ذلك أهم. ذلك غيّرني. ومع ذلك لست منتهياً".

الاستمرار لا يعني التظاهر بأنك غير متأثر. إنه لا يعني تقليل تأثير ما حدث خطأ. إنه لا يعني إجبار نفسك على الحركة كأن شيئاً لم يحدث. إنه يعني السماح لنفسك بالشعور بثقل ذلك بالحزن على ما فُقد بمعالجة ما تستطيع وثم عندما تكون جاهزاً باتخاذ خطوة أخرى. ليس لأنك غير قابل للكسر ولكن لأنك راغب في الاستمرار حتى مع الشقوق.

هناك عمل هادئ غالباً غير مرئي يحدث في المواسم عندما تختار الاستمرار. أنت لست فقط تبني مشروعاً أو مهنة أو جسد عمل. أنت تبني نوعاً من المتانة الداخلية. كل مرة تواجه فيها يوماً صعباً ولا تزال تحضر فإنك تعلم نفسك أنه يمكن الاعتماد عليك. كل مرة تتحرك فيها عبر الشك بدون السماح له بأن يقرر لك فإنك تقوي ثقتك في حكمك الخاص. كل مرة تستمر فيها في غياب التصفيق فإنك تحول تحفيزك من التحقق الخارجي إلى الاقتناع الداخلي.

الشـجاعة للاسـتمرار مرتبطـة ارتباطـاً وثيقـاً بالأسـباب التـي بـدأت بهـا. عنـدما تكـون أسـبابك سـطحية مسـتعارة أو غامضـة فإنهـا لـن تسـتمر بـك في الوسـط. "سـيكون لطيفـاً" لـيس كافيـاً. "سـيثير إعجـاب النـاس" لـيس كافيـاً. "سـيثبت شـيئاً" لـيس كافيـاً. وسـط الرحلـة سـيختبر أسـبابك. إنـه سـيَزيل ما هو هش ويكشف ما هو حقيقي.

أحيانـاً تتطلـب الشـجاعة للاسـتمرار إعـادة زيـارة أسـبابك وتنقيحهـا. قـد تكتشـف أن مـا كـان يدفعـك ذات مـرة لم يعـد يفعـل. قـد تكتشـف أن تحـت أسـبابك الأصلية هنـاك واحـد أعمـق. قـد تكتشـف أن "لمـاذا" الخـاص بـك يحتـاج إلى النمـو مـع نمـوك. هـذا لـيس علامـة علـى أنـك كنـت مخطئـاً في البدء. إنه علامة على أنك تتطور.

هنـاك أيضـاً جانـب عمـلي للشـجاعة للاسـتمرار. إنـه لـيس عاطفيـاً فقـط. إنـه لوجسـتي. الاسـتمرار غالبـاً مـا يتطلـب تعـديل نهجـك. قـد تحتـاج إلى تغيـير جـدولك طرقـك توقعاتـك. قـد تحتـاج إلى التبسـيط. قـد تحتـاج إلى طلـب المزيـد مـن

الــدعم. قــد تحتــاج إلى إزالــة أعبــاء غــير ضروريــة تجعل الرحلــة أثقــل مــما ينبغــي. الشــجاعة ليست فقــط عض الأســنان والدفع مــن خــلال. أحيانـاً إنهـا التراجـع والسـؤال "كيـف يمكنــي جعــل هذا قابلاً للاستمرار؟"

ستكون هنـاك أيـام عنـدما يكـون أشـجع شيء يمكنـك فعلـه هـو الراحـة حتـى تـتمكن مـن الاسـتمرار. لـيس الراحـة كهــروب ولكــن الراحـة كاسـتراتيجية. ستكون هنـاك أيـام عنـدما يكـون أشـجع شيء يمكنـك فعلـه هـو الاعـتراف بأنـك تكـافح وتسـمح لشـخص آخـر بـالوقوف بجانبـك. ستكون هنـاك أيـام عنـدما يكـون أشـجع شيء يمكنـك فعلـه هـو اتخـاذ خطـوة أصـغر مما خططت بدلاً من عدم وجود خطوة على الإطلاق.

الشـجاعة للاسـتمرار ليسـت قـراراً واحـداً. إنهـا سلسـلة مـن القرارات مُتخـذة مـرة بعـد مـرة. بعـض الأيـام ستشـعر بأنهـا قويـة. أيـام أخـرى ستشـعر بأنهـا هشـة. بعـض الأيـام سـتتحرك بثقـة. أيـام أخـرى سـتتحرك بعـدم اليقـين. مـا يهـم لـيس كـم تشـعر بالثقـة. مـا يهـم هـو أنـك لا تسـمح لغيـاب اليقـين بـأن يصبح غياب الحركة.

هنـاك نقطـة تحـول هادئـة شبـه غيـر مرئيـة في حيـوات كثيـر مـن النـاس. إنهـا ليسـت اللحظـة التـي يبدأون فيها. إنهـا ليسـت اللحظـة التـي ينجحـون فيهـا. إنهـا اللحظـة التـي كـان بإمكـانهم التوقـف فيهـا ولم يفعلـوا. اللحظـة التـي كـانوا فيهـا متعبـين محبطـين غـير متأكـدين ومـع ذلـك اختـاروا اتخـاذ خطـوة أخـرى. تلـك اللحظـة نـادراً مـا تبـدو دراماتيكيـة مـن الخـارج. قـد لا يلاحـظ أحـد. قـد لا يكـون هنـاك احتفـال لا اعـتراف. لكـن في الـداخل يحـدث تحـول مـا. يُعـبر خـط مـا. تبـدأ قصة جديدة

قـد لا تعـرف في وسـط رحلتـك أي يـوم سـتكون تلـك نقطـة التحـول. قـد لا تعـرف أي فعـل مـن الاسـتمرار سـيكون هـو الـذي يـؤدي إلى الاخـتراق الفرصـة التغيـر الـذي كنـت تعمـل مـن أجلـه. قـد لا تعـرف أي قـرار هادئ للاسـتمرار سـيكون هـو الـذي عنـد النظـر إلى الـوراء سـتعترف بـه كالمفصـل. ذلـك عـدم اليقـين يمكـن أن يكـون محبطـاً. إنـه يمكـن أن يكـون محـرراً أيضـاً. لأنـه إذا لم تكـن تعـرف أي خطـوة سـتكون أكـثر أهمية فإن كل خطوة لديها فرصة لأن تكون مهمة.

الشـجاعة للاسـتمرار ليسـت عـن ضـمان نتيجـة محـددة. إنهـا عـن رفـض الـتخلي عـن إمكانيـة مـا يمكن أن يخلقـه جهدك. إنهـا عـن تكـريم العمـل الـذي قمـت بـه بالفعـل بعـدم الابتعـاد عنـه مبكـراً جـداً. إنهـا عـن اختيـار العيـش كشـخص لا يستسـلم لمـا يهـم لـه حقـاً حتـى عنـدما يكـون مـن الأسـهل خفـض توقعاتـه وتصغير حياته.

أنـت لـن تشـعر دائمـاً بالشـجاعة. أنـت لـن تشـعر دائمـاً بـالقوة. أنـت لـن تشـعر دائمـاً بالتأكـد. لكـن الشـجاعة ليسـت غيـاب الخوف التعب أو الشك. إنها القرار بالحركة في حضورهم.


يومـاً مـا سـتعود بـالنظر إلى هـذا الموسـم الـذي أنـت فيه الآن الـذي يشـعر بأنـه طويـل الـذي يشـعر بأنـه غيـر مؤكـد وسـتراه بشـكل مختلـف. سـتدرك أن الأيـام التـي أردت فيهـا الاستسـلام ولم تفعـل لم تكـن مضـيعة. سـتدرك أن التقـدم البطـيء كـان لا يـزال تقـدماً. سـتدرك أن الشـجاعة الهادئـة غيـر المرئيـة للاسـتمرار شـكلتك بطـرق لم يكـن بإمكـان أي نجـاح سهل أن يفعلها.

الطريق الذي أنت عليه قد لا يكون سهلاً. قد لا يكون سريعاً. قد لا يكون جذاباً. لكن إذا كان متوافقاً مع ما يهمك حقاً فإن الاستمرار ليس فقط فعل إصرار. إنه فعل احترام ل حياتك الخاصة لجهدك الخاص للجزء منك الذي يرفض الرضا بأقل مما تعرف أنك قادر على بنائه.

الشجاعة للاستمرار لا تعد بأن كل شيء سيتحقق بالضبط كما تأمل. لكن التوقف يضمن أنه لن يتحقق.

# الفصل 15

## الحياة التي تبنيها من هنا

يـأتي لحظة عـادة هادئـة وغيـر معلنـة عنـدما يـدرك الشـخص أن الرحلـة التـي عليهـا كـان عليهـا لم تعـد فقـط عـن الخطـوات التـي اتخـذها ولكـن عـن الشـخص الـذي أصبـح عليـه عـلى طـول الطريــق. إنهـا ليسـت لحظـة دراماتيكيـة. إنهـا ليسـت مميـزة بالتصـفيق أو الاعـتراف. إنهـا غالبـاً شيء تلاحظـه فقـط بـالنظر إلى الـوراء عنـدما تنظـر إلى الخلـف وتـرى أن الطريقـة التـي تفكـر بهـا الطريقـة التـي تتحـرك بهـا الطريقـة التـي تسـتجيب بهـا للحيـاة قـد تغـيرت. أنـت لم تعـد الشـخص الـذي تـردد في البدايـة. أنـت لم تعـد الشـخص الـذي شـك في كـل خطـوة. أنـت لم تعـد الشـخص الـذي احتـاج ظروفـاً مثاليـة للبـدء. أنـت قـد نموت بطرق صعبة القياس ولكن مستحيلة التجاهل.

الحيـاة التـي تبنيهـا مـن هنـا تُشـكل ليـس بقـرار واحـد ولكـن بـالتراكم لكـل شيء تعلمتـه. أنـت قـد تعلمـت أن الإمكانيـة هشـة عنـدما تُـترك غيـر مسـتخدمة. أنـت قـد تعلمـت

أن الـتردد ينمـو عنـدما تنتظـر اليقـين. أنـت قـد تعلمـت أن الاسـتعداد لـيس شـيئاً تنتظـره ولكـن شـيئاً تخلقـه مـن خـلال الفعـل. أنـت قـد تعلمـت أن الخـوف لـيس حاجزاً ولكنـه إشارة. أنـت قـد تعلمـت أن الـزخم يُبنـى مـن خـلال خطـوات صغيرة ثابتـة. أنـت قـد تعلمـت أن الثبـات لـيس عـن الكـمال ولكنـه عـن العـودة. أنـت قـد تعلمـت أن الحـد الأدنى الـذي تفعلـه في أيامـك الأصعب يهـم أكـثر مـما تفعلـه في أيامـك الأفضـل. أنـت قـد تعلمـت أن بيئتـك تشـكلك أكـثر مـن نوايـاك. أنـت قـد تعلمـت أن القصـص التـي ترويهـا لنفسـك يمكـن أن تحـد منـك أو تحـررك. أنـت قـد تعلمـت أن الـدعم لـيس ضـعفاً ولكنـه مضـاعف. أنـت قـد تعلمـت أن التركيـز هـو انضبـاط ولـيس مزاجـاً. أنـت قـد تعلمـت أن الراحـة ليسـت توقفـاً عـن الحيـاة ولكـن جـزءاً منهـا. أنـت قـد تعلمـت أن الاسـتمرار يتطلـب شـجاعة خاصـة عنـدما يكـون الطريـق طـويلاً والنتيجـة غـير مؤكدة.

كـل هـذه الـدروس تشـكل الأسـاس للحيـاة التـي تبنيها مـن هنـا. إنهـا ليسـت أفكـاراً مجردة. إنهـا أدوات. إنهـا مـراسٍ. إنهـا تـذكيرات بمـا أنـت قـادر عليـه عنـدما تتحـرك بنية بـدلاً مـن

اندفاع. إنها دليل على أن النمو ليس شيئاً يحدث لك. إنه شيء تشارك فيه.

الحياة التي تبنيها من هنا لن تُشكل بتحولات دراماتيكية. إنها ستُشكل بالقرارات الهادئة التي تتخذها كل يوم. القرار بالبدء حتى عندما تشعر بأنك غير مستعد. القرار بالاستمرار حتى عندما يكون التقدم بطيئاً. القرار بالراحة عندما تكون مستنزفاً. القرار بالتركيز عندما يسحب العالم انتباهك. القرار بأن تحيط نفسك بناس يدعمون اتجاهك. القرار بالتحدث إلى نفسك بصدق بدلاً من قسوة. القرار باختيار العمق على التشتيت. القرار بتكريم حدودك بدون التخلي عن طموحك.

ستكون هناك أيام قادمة عندما تشعر بالقوة والوضوح والقدرة. أيام عندما يتدفق العمل بسهولة. أيام عندما يشعر الطريق بأنه مفتوح. أيام عندما تستطيع رؤية الاتصال بين جهدك وتقدمك. في تلك الأيام ستشعر الحياة التي تبنيها بأنها قريبة شبه ملموسة. ستشعر بالتوافق مع اتجاهك. ستشعر بالرسوخ في غرضك.

لكــن ســتكون هنــاك أيــام أيضاً عنــدما تشعر بعــدم اليقــين. أيــام عنــدما تســأل مــا إذا كان أي مــن هــذا يستحق. أيــام عنــدما تشــعر بالتعــب أو الإحبــاط أو الانفصــال. أيــام عندما يشعر الطريــق بأنــه ضبابي. أيــام عنــدما تتســاءل مــا إذا كنــت تتحــرك بـبطء جــداً. أيــام عنــدما تشعر بــالإغراء للعــودة إلى مــا هــو مــألوف حتــى لــو لم يعــد يناسب. هــذه الأيــام ليست علامــات علــى أنــك تفشل. إنهــا علامــات علــى أنــك إنسان. إنهــا جزء من إيقاع أي سعي ذي معنى.

الحيــاة التــي تبنيهــا مــن هنــا ســتتطلب صبــراً. ليس صبــراً ســلبياً ولكــن صبــراً نشــطاً النــوع الــذي يبقيـك متحركـاً حتــى عنــدما تكــون النتائج غــير فوريــة. النــوع الــذي يثــق بالعمليــة حتــى عنــدما تكــون النتيجــة غــير مضمونة. النــوع الــذي يفهــم أن النمــو غالبــاً مــا يكــون غــير مــرئي حتــى يصبح كذلك. النــوع الــذي يــدرك أن البــذور التي تزرعهــا اليــوم قــد لا تظهــر نفســها لأشهر أو سنوات ولكنها لا تزال تنمو تحت السطح.

هنــاك حقيقــة هادئــة تصبــح واضــحة فقــط بعــد أن تســير بعيــداً بمــا يكفــي الحيــاة التــي تريدها ليست مبنية في

لحظــة وضـــوح واحــدة ولكــن في آلاف اللحظــات الصغيرة مــن الاختيــار. الاختيــار بالحضــور. الاختيــار بالمحاولــة مــرة أخــرى. الاختيــار بالتعــديل. الاختيــار بالراحــة. الاختيــار بالاســتمرار. هـذه الاختيــارات تــتراكم. إنهـا تتضــاعف. إنهــا تشــكلك بطــرق لم يكن بإمكان أي اختراق واحد أن يفعلها.

الحيــاة التــي تبنيهــا مــن هنــا ســتتطلب أيضــاً صدقــاً. صدقــاً عــن مــا تريــده. صدقــاً عــن مــا تخافــه. صدقــاً عــن مــا تتجنبــه. صدقــاً عــن مــا تحتاجــه. صدقــاً عــن مــا لم تعــد تستطيع حملــه. صدقــاً عـن الفرق بــين مـا تفعلــه لأنـه يهـم ومـا تفعلــه لأنــه مــألوف. الصــدق لــيس دائمــاً مريحــاً ولكنــه دائمــاً موضح. إنه الأساس لأي حياة مبنية بنية.

هنــاك لحظــة غالبــاً مـا تكــون خفيــة عنـدما تــدرك أن الحيــاة التــي تريــدها ليســت شــيئاً تكتشــفه. إنهـا شيء تخلقــه. إنهـا مشــكلة باختياراتــك بعاداتــك بحــدودك بشــجاعتك. إنهـا مشــكلة بالطريقــة التــي تســتجيب بهــا للانتكاســات. إنهـا مشــكلة بالطريقــة التــي تعامـل بهـا نفسـك في لحظــات الشــك. إنهـا مشــكلة بالطريقــة التــي تحمـي بهــا انتباهــك. إنهـا مشــكلة

بالطريقــة التــي تســتريح بهــا. إنهــا مشــكلة بالطريقــة التــي تستمر بها.

الحيــاة التــي تبنيهــا مــن هنــا لــن تكــون مثاليــة. إنهــا لــن تكــون خاليــة مــن الصعوبة. إنهــا لــن تكــون خاليــة مــن عــدم اليقــين. لكنهــا ســتكون حياتــك. إنهــا ستُشــكل بقيمــك وبجهــدك وبمرونتــك. إنهــا ســتعكس الــدروس التــي تعلمتهــا والشــخص الــذي أصبحت. إنهــا ســتكون حيــاة مبنيــة بنيــة بــدلاً مــن الانجراف.

هنــاك قــوة هادئــة في إدراك أنــك لا تحتــاج إلى معرفــة بالضــبط إلى أيــن يــؤدي الطريــق مــن أجــل اتخــاذ الخطــوة التاليــة. أنــت لا تحتــاج إلى أن تكــون قــد فهمــت كــل شيء. أنــت لا تحتــاج إلى الشــعور بالثقــة كــل يــوم. أنــت لا تحتــاج إلى إزالــة الشــك. أنــت فقــط تحتــاج إلى الاســتمرار في الحركــة في الاتجــاه الــذي يشــعر بأنــه حقيقــي. أنــت فقــط تحتــاج إلى تكريم الجــزء منــك الــذي يريــد أن ينمــو. أنــت فقــط تحتــاج إلى الثقــة بــأن العمل الذي تفعله يشكلك بطرق لا تستطيع رؤيتها بعد.

الحياة التي تبنيها من هنا تبدأ بحقيقة بسيطة أنت قادر على أكثر مما سمحت لنفسك بأن تصدقه. ليس لأنك استثنائي بطريقة دراماتيكية ما ولكن لأنك راغب في فعل العمل الهادئ الثابت الذي يتجنبه معظم الناس. أنت راغب في مواجهة مخاوفك. أنت راغب في تحدي قصصك. أنت راغب في حماية تركيزك. أنت راغب في الراحة. أنت راغب في الاستمرار.

الحياة التي تبنيها من هنا ليست وجهة. إنها اتجاه. إنها التزام بالعيش بنية وبوضوح وبثبات. إنه التزام بالحضور لنفسك بطرق كنت تعتقد ذات مرة أنها محجوزة للناس الآخرين. إنه التزام ببناء شيء يعكس من أنت في أفضل حالاتك وليس من كنت في أكثر حالاتك عدم يقين.

أنت لا تحتاج إلى إذن لبدء. أنت لا تحتاج إلى يقين للاستمرار. أنت لا تحتاج إلى كمال لإحراز تقدم. أنت فقط تحتاج إلى الرغبة في اتخاذ الخطوة التالية ثم التالية ثم التالية.

الحياة التي تبنيها من هنا تنتظر. وأنت جاهز لبنائها.

# الخاتمة

يـأتي نقطـة عنـدما ينتهي عمـل القراءة ويبدأ عمل العيـش. أنـت قـد سرت عـبر أفكـار وأنمـاط وحقـائق ووقـائع هادئـة تشـكل الطريقـة التـي يتحـرك بهـا النـاس عبر الحيـاة. لم يكـن أي مـن هـذا مكتوبـاً لِيَعجبك. إنـه كـان مكتوبـاً ليـذكرك بمـا تحمله بالفعـل داخلـك القـدرة علـى البـدء علـى الاستمرار علـى إعـادة البناء على التركيز على الراحة وعلى النهوض مرة أخرى.


الطريـق أمامـك لـن يكـون دائمـاً سلسـاً ولكنـه سـيكون دائمـاً طريقـك. وإذا وجـدت نفسـك يومـاً مـا تـتردد تشـك أو تبطـئ فـارجع إلى أبسـط حقيقـة في هـذا الكتـاب بأكملـه أنـت لا تحتـاج إلى أن تكـون استثنائياً للتقدم إلى الأمـام. أنـت فقـط تحتاج إلى اتخاذ الخطوة الصادقة التالية.

حياتك ليست تنتظر. إنها تتكشف.

# ملاحظة المؤلف

لم أكــن أريــد كتابـــة كتـــاب طويـــل. كنـــت أريــد كتابـــة كتـــاب مفيد.

الحيـــاة تُغـــرق النـــاس بالفعـــل. معظـــم القـــراء لا يحتـــاجون المزيـــد مـــن المعلومـــات هـــم يحتـــاجون لحظـــة وضـــوح. جملـــة تثبـــتهم. تـــذكيراً بـــأن إمكانيـــاتهم لا تـــزال حيـــة حتـــى عنـــدما تشـــعر ظروفهم بأنها ثقيلة.

كتبـــت هـــذا الكتـــاب خـــلال موســـم مـــن الوضـــوح موســـم عندما أدركـــت كـــم مـــن النـــاس يحملـــون إمكانيـــة هادئـــة لا تصبـــح مرئيـــة أبـــداً كـــما فعـــل صديقـــي الراحـــل هيـــزل ذات مـــرة. لقـــد عشـــت مـــن خـــلال الـــتردد الشـــك الخـــوف وفـــترات طويلـــة مـــن عـــدم اليقـــين. لقـــد عشـــت أيضـــاً مـــن خـــلال النمـــو الانضبـــاط والبناء البطيء لحياة تعكس قيمي.

إذا كـــان هـــذا الكتـــاب قـــد أعطـــاك حتـــى لحظـــة واحـــدة مـــن التعـــرف لحظـــة واحـــدة رأيـــت فيهـــا نفســـك بوضـــوح أكـــبر فإنـــه قـــد أدى عملـــه. شـــكراً لـــك عـــلى إعطـــاء وقتـــك وانتباهـــك وثقتـــك لهذه الصفحات.

لم أكن أعرف كيف أخدم حتى بدأت في خدمتك.

أينما ذهبت من هنا اذهب بثبات.

# شكر وتقدير

شـكراً لكـل شـخص دعـم إنشـاء هـذا الكتـاب مـن خـلال المحادثـات التشـجيع أو ببسـاطة إعطـائي المسـاحة للتفكـير والكتابـة. ولكـل قـارئ يحمـل هـذه الأفكـار إلى حياتـه الخاصـة فإن وقتك وانتباهك يعنيان أكثر مما تعرف.

# عن المؤلف



بـن مـوكييس هـو رائـد أعـمال أمـريكي ومحلـل تصـميم بيانـات وكاتـب ومهنـدس إبـداعي. يمتـد عملـه عـبر فـن القيمـة الفـاخر والمجموعـات الضـخمة والمفـاهيم المعماريـة والكتابـة الطويلـة المركـزة عـلى سـلوك الإنسـان وهيكـل حيـاة ذات معنـى. هـو يخلق بنية واحدة لبناء عمل يدوم.